中国道教文化之旅丛书

水云仙府
福安道观

总 主 编 张继禹
本册主编 陈幼英
副 主 编 雷卫忠 邱贵龙
编　 著 蓝炯熹

《中国道教文化之旅》
编辑委员会

总 顾 问：任法融
总 主 编：张继禹
主　　 编：王哲一
执行主编：王炳旸
副 主 编：

黄信阳	黄至安	丁常云	唐诚青	赖保荣	刘怀元	林　舟	张金涛
张凤林	孟崇然	黄至杰	李诚道	张东升	袁志鸿	张明心	胡诚林
谢荣增	陆文荣	董沛文	刘世天	王书献	孙常德	史孝进	吉宏忠
王怀静	杨世华	詹达礼	高信一	吴诚真	李文兴	王至全	袁宗善
刘兴龙	欧冶国	喇宗静	张崇新	赵理修	王崇道	邓信德	蔡万圻
董中基	廖东明						

编辑工作办公室主任：张兴发
编辑委员会委员：

任法融	张继禹	黄信阳	黄至安	丁常云	唐诚青	赖保荣	刘怀元
林　舟	张金涛	张凤林	孟崇然	黄至杰	李诚道	王哲一	王炳旸
袁志鸿	张明心	胡诚林	谢荣增	陆文荣	董沛文	刘世天	王书献
孙常德	张兴发	冯　鹤	郝光明	李信军	张　凯	吉宏忠	姚树良
张开华	翟仁军	成笃生	刘少波	黄健虹	吴信达	潘志贤	杨梦觉
陈明昌	张至容	杨明江	邹理慧	郑明德	吴诚真	刘玄遵	蔡亚庭
朱　泽	欧冶国	万　文	王理砚	陈万赏	林美菊	陈信桂	廖信杰
贾慧法	任兴之	陈法永	孙敏财	尹信慧	杨世华	冯可珠	郑志平
简祖洪	薄建华	李宗贤	霍怀虚	张诚达	刁玉松	李　福	詹和平
陈理复	李宗旭	袁宗善	喇宗静	邓信德	赵理修	陈崇真	王崇道
王高静	史孝进	王怀静	詹达礼	高信一	王金华	李文兴	王至全
刘兴龙	张崇新	蔡万圻	董中基	廖东明			

目 录

水云深处神仙府 / 1

　　霍童支提列仙乡 / 4

　　太姥娘娘同汉畲 / 8

　　葛洪仙山显奇幻 / 11

　　福安境内出灵迹 / 13

城里城外鹤山观 / 17

　　龟鹤留放说围城 / 18

　　文人荟萃鹤山峰 / 23

　　华丽今身鹤山观 / 26

　　神异萦绕鹤山事 / 31

闾山教派三仙师 / 37

　　福安多传闾山术 / 38

　　三姓宗谱说三师 / 42

　　仙师关涉三寺院 / 46

城隍真武佑福安 / 51

　　追根溯源城隍考 / 52

　　启坛建醮祈城隍 / 60

　　前世今生城隍庙 / 64

　　寻踪觅迹真庆观 / 68

云聚云散缪仙峰 / 73

平溪里缪仙传奇 / 74
缪仙峰下掘银人 / 80
白云山水缪仙魂 / 86
缪仙信仰民俗风 / 92

亦道亦佛五显殿 / 97

神头佛尾五显帝 / 98
晓阳神戏透天光 / 103
灵察寺变五显庙 / 108
东南西北五显宫 / 112

畲汉共奉奶娘宫 / 121

临水夫人万神殿 / 122
畲家神龛请奶娘 / 129
头戴花冠身着红 / 133
乡间尽唱《奶娘传》/ 137
辎轩之采涉"奶"俗 / 143

咸水淡水阿婆庙 / 149

官方祭祀妈祖婆 / 150
阿婆走水平风浪 / 154
江海集市妈祖情 / 161
麦商茶人敬阿婆 / 172

念珠链成乾坤环 / 179

韩阳道观三山志 / 180

一山一水五道观 / 189

三月初三渡财船 / 198

青松道观及其他 / 207

序

殷商时期，道祖降临神州大地。他所倡导的致虚守静、少私寡欲、无为而治、道法自然、返朴归真、和光同尘等思想，深深影响了中国哲学；他所著《道德经》，提出了"道"、"自然"、"无为"等等著名的哲学概念，成为中国哲学的基石之作。

两汉之际，中国又出现了一位真人张陵，他奉老子为道祖（太上老君道德天尊），以老子《道德经》为祖经，以道为宗本，创立道教，融合传统宗教习俗，追求天人和谐、家国太平，倡导真正、积善成功、福臻家国，相信修道积德行善定能平安幸福、长生久视。

魏晋南北朝，道教人士秉承老子思想，光大张陵道风，建立弘扬道教文化的宫观，从此道教文化有了自己的文化宣传窗口，向世人展示着自己独特的魅力。

宫观发展至今，已成为道教信仰和修道者的圣地。成千上万的道教徒们在宫观内过着如法如仪的宗教生活，成万上亿的道教信徒们到宫观开示解惑、朝拜神灵、祈福禳灾。许多高道依托宫观实现了他们致道成仙的人生目标，如张道陵在大邑鹤鸣山驾鹤飞仙，许逊在南昌西山白日飞升，张三丰在武当山得道成仙。

宫观传衍至今，已成为中国传统文化的重要载体。每一个宫观都有着

它的历史传承、人物故事、文物胜迹、经典书籍和建筑艺术等等，这些均构成了本宫观的文化，这些文化又是宫观所在地文化不可或缺的重要组成部分。这不仅是宫观的，也是道教的，更是社会的传统文化。如张道陵祖师依托二十四治创立天师道，形成了天师道文化；杨羲、许谧依托茅山的靖庐创立了道教上清派，形成了茅山文化；许逊依靠万寿宫，形成了净明道忠孝文化；邱处机凭借白云观推动了全真龙门派的发展，形成了龙门祖庭文化。

宫观传承至今，已成为了道德伦理教化的场所。道教宫观中供奉的神灵，有古代神话中的人物，还有山川河岳等自然界的神灵，更有有功于社稷、有惠于黎民而为民众所敬仰的地方神灵。道教崇奉神灵的原则是"尊道贵德"，倡导崇尚德行、敬仰贤能。如道士孙思邈是古今医德医术堪称一流的名家，尤其对医德的强调，为后世的习医、业医者传为佳话。他的名著《千金方》中，也把"大医精诚"的医德规范放在了极其重要的位置上来专门立题，重点讨论。而他本人，也是以德养性、以德养身、德艺双馨的代表人物之一，成为历代医家和百姓尊崇备至的伟大人物，被道教崇奉为"药王"。又如道教崇拜的城隍神，皆为世间人之正直者，有"功施于民则祀之"的说法。他们有的是地方的"清官"，正直无私，秉公办事，能为民消灾解难者；有的是有功于国于民的"功臣"，生前曾对某地乃至全国作出过一定贡献，人们牢记其功绩，奉之为神灵；还有人间正直者，他们生前为人正直，与人们所希望的城隍神形象较为接近；更有世间乐善好施者，在中国传统社会中，积功行善，乐善好施者，往往受到人们的崇敬；当然也有神能者，生前有异能，造福乡民，人们相信他死后可以充当城隍之职；还有善鬼，人们认为，人死后进入阴间而为鬼，但只要积德行善也能提升。可见，城隍信仰中"人之正直，死而为神"的观点，正是人们把美好理想

和愿望寄托于神灵,希望他们能像生前一样公正无私,造福于民。同时,也鼓励人们积极向上,崇尚德行,讲求孝道,对人们具有一定的教化功能,在一定程度上又构成了伦理道德体系。

同时,道教的宫观还是济世利人的基地,是服务社会、利益人群的场所。道教宫观导人向善的教化功能本身就发挥着净化社会的崇高精神。从历史上看,道教宫观曾经发挥过济世救人的功能。如张鲁行宽厚仁慈之政,以道教化世人,设立义舍于路边,放置米肉于其中,让过路的人量腹而食;邱处机在北京白云观创立十方丛林,收容遭战乱无家可归的人,多达数以万计,清乾隆皇帝赞扬说:"万古长春不用餐霞求秘诀,一言止杀始知济世有奇功。"清代道士闵一得,主持金盖山纯阳观,大振玄风,乐善好施,奖掖后进。当代道教宫观,不忘祖训,更加积极投入到社会慈善公益事业中。道教宫观植树造林、美化环境;赈穷补急、兴利除害;积功累德、慈心于物;忠孝友悌、正己化人。如道教宫观在甘肃的生态林建设,1998年洪灾捐款,四川地震灾害捐献等等,均彰显出道教宫观济世利物的高尚品德,由此清楚地看到宫观在道教传承中的地位和作用。

为了打造道教文化精品,提升道教品位;繁荣文化市场,满足群众需求;整合道教宫观资源,形成道教文化合力;推动对外文化交流,促进道教健康发展,响应"推动社会主义文化大发展大繁荣"号召,中国道协文化研究室以道教宫观为研究对象,推出"中国道教文化之旅"大型文化研究项目,把道教宫观文化承载的道教义理、建筑、绘画、生态等智慧和道教生动感人的故事展现出来,通过一座座宫观的文化之旅,探索发现出道教许多不为人知的价值内涵,从而彰显道教的人文精神。这样可以向社会人群提供优秀的道教精神产品、凸现道教文化魅力、创造良好的社会效益。从而提升道教形象,扩大道教影响,增强道教的亲和力,为构建和谐社会

水云仙府福安道观

作出积极有益的贡献。

感谢国家宗教局领导对《中国道教文化之旅》的大力支持，感谢各省道教协会、各宫观高道大德的积极参与，感谢今日集成广告有限公司张东升先生的热情襄助，感谢华夏出版社编辑的辛苦付出，我相信，道教文化的魅力与人文精神一定会通过本套丛书的出版而弘大显扬。

张继禹

2011年1月谨识于北京

水云深处神仙府

"水云仙府"四字出自朱熹之手。朱熹（1130—1200）字元晦，号晦庵、考亭先生等，他原籍江南东路徽州府婺源县，但却算是地地道道的福建人，他出生在福建，逝世在福建，一生许多重要活动都发生在福建。

朱熹晚年到长溪县时，正处于政治生涯的低谷，一日他来到长溪县仙岭山（这个地方又名龟仙山）。好客的村民们醇酒热饭盛情款待远道而来的先生，他们与先生畅叙家长里短、风土人情。此刻，政治失意、身心疲惫的朱熹感慨万千，便蘸墨挥毫，赠予对联："水云深处神仙府，黍稻丰时富庶家。"村民们对圣人墨宝十分珍惜，将先生笔迹勒石铭记。

◎ 福安鹤山道观全景

霍童支提列仙乡

福安南部的宁德境内有霍童山，清代《闽都别记》将霍童山与武夷山对举，称："闽境之山，西则武夷，东则霍童。"清代福安人曾作《游霍童山》，诗曰："七闽山多灵气钟，武夷太姥高苍穹。二山俱以仙人名，更辟异境是霍童。"五代道士杜光庭《洞天福地岳渎名山记》说，此山为道教三十六小洞天的第一洞天。我国最早叙述神仙事迹的著作《列仙传》说，殷周时有一位名叫霍桐的仙人在山中居住，故名"霍桐山"。乾隆《宁德县志》说，山以周代霍桐名之，正是武夷君的意思。看来，居住在武夷山的仙人武夷君是关注霍童山的。武夷君，又称武夷王、武夷显道真君，是福建武夷山的山神、乡土神。武夷山因此神而得名。古时，凡是福建人，进入武夷山之前多半会先向武夷君祭祷。武夷君也作为道教中掌管阴间土地的神灵。古时，凡建造阴宅或阳宅，都会向武夷君祈祷，焚烧纸钱，刻画一砖做契约，埋在屋角，世人称为"砖契"。朱熹在《武夷图序》中引用了《史记》的记载，说汉武帝曾以鱼干祭祀武夷君。

◎ 朱熹像

◎ 福安村落

　　北宋乐史《太平寰宇记》说，霍童山位于长溪县以西一百五十里，这里是仙人霍童游玩的地方。天宝六年，朝廷下令将山名改为霍童山，也叫作游仙山。南宋朱熹的外甥、门徒祝穆在《方舆纪胜》中说，霍童山就是霍林洞天。唐朝武后当政的时候，将这里赐名为鹤林山。南宗道教社团内丹派始祖白玉蟾对霍童山十分熟悉，他说霍童山有九十九座山峰，谷途广寒，人迹罕至。拄杖能够爬上去的山峰仅仅四十八座，那里曲径通幽，恍如仙界。公元528年，即梁大通二年，霍童山建有规模宏伟的鹤林宫。今鹤林宫早已废圮，遗址中仅存刻有"霍童洞天"字样的石碑。

　　与霍童山一脉相连的著名山峦，还有支提山，支提山是佛教圣地。现代人中大多数都不太知道霍童山，而只知道支提山。因为，现如今支提山内有华藏寺，那里是天冠菩萨的道场。据清代乾隆年间姜虬绿《浪游草》考证，早年支提山是平列于霍童山的。到了明代，行政区划实行都图制，从那时候开始，就把支提山奉为主山，而将霍童山作为侧峰，姜虬绿说：

◎ 霍童山唐天宝年间"霍童洞天"石刻

编定都图时，都是华藏寺和尚偏心干的"无足称据"的事情。关于霍童山与支提山，姜虬绿的分析是耐人寻味的。他说：根据考证，霍童山以西的峦峰没有神仙的踪迹，支提山以东的山崖不见佛陀的身影。这些群山本来是神仙的洞窠，后来佛陀前来借住，神仙就割让出部分地块给了他们。因此葛仙、炼丹、香炉、仙莱、鹤林、莲花洲等仙踪都在霍童山的东面；而天冠、罗汉、傀儡、晒衣、说法、辟支、那罗等佛迹都在支提山的西面。这样霍童山作为第一洞天，是无容贬低的。而支提山作为天冠菩萨道场，《华严经》中已有记载，也是闻名于世的。这片连绵的群山，一部分作为仙乡，一部分作为佛国，分界十分清楚，历史早有定论，就不必再去互相褒贬了。

◎ 支提山华藏寺山门

南宋诗人陆游在公元1158年,即绍兴二十八年的暮冬初春时分,从山阴(今绍兴市)取道浙南,水陆兼行,就任宁德县主簿。在任时,他曾游览霍童支提,并留下一首脍炙人口的七律诗句:"共话不知红烛短,对床空叹白云深。"

太姥娘娘同汉畲

福安北部的福鼎境内有太姥山，闽王王审知封霍童为东岳之神，太姥为西岳之神。太姥山，旧名才山，奇峰耸立，峭壁凌空，共有五十四峰，峰峰雄奇。清乾隆《福宁府志》说，太姥山是"东南奥区，神仙洞府"。相传黄帝时，容成子在太姥山上炼丹，今有石枰、石鼎、石臼、炼丹井等文化遗存。福建省第一个进士、唐代福安人薛令之曾作《太姥山》一诗，吟唱道："扬舟穷海岛，选胜访神山。鬼斧巧开凿，仙踪常往还。东瓯冥漠外，吴越渺茫间。为问容成子，刀圭乞驻颜。"

相传，尧帝时，有一位老母在山中种蓝草，她出身贫苦，怜苦济贫，乐善好施。曾在山上培育出名茶"绿雪芽"，有治疗病痛的神奇功效。有一

◎ 太姥山

◎ 福安畲族村落

年,山下村中麻疹流行,村民苦无良药治病,老妪就以绿雪芽茶叶治好不少病孩,村民感激她,尊称她为"太母娘娘"。老母乘九色龙升天后,乡人为缅怀她老人家,将山命名"太母山",今山中存有太姥墓。这是民间的传说,可是官方还另有一说。

汉武帝时,武帝命令东方朔授天下名山。一天,东方朔巡游到太母山下,见此山巍峨壮丽,超凡脱俗,便循路上山,一路上只见群峰列阵,洞壑玲珑,云雾弥漫,气象万千,变幻莫测,如入仙境。爬到太母山最高峰,即摩霄峰巅,极目远眺,海天一色,心胸疏朗,不由得惊叹:"妙哉,太姥!"并感慨万千说:"山增海阔,海添山雄,山海相成,浑为一体,实在是我平生所见到的第一座仙山!"于是回京后,奏明汉武帝,封太母山为"太姥山"。现在太姥山摩霄峰下摩霄庵(今名白云寺)侧石壁上有摩崖石刻"天下第一山"五个大字,相传即为东方朔所题。福建人称太姥山、武夷山为"双绝",浙江人视太姥山、雁荡山为"昆仲"。

　　太姥山麓住着东南沿海唯一的世居少数民族——畲族，他们世代以种植蓝靛、苎麻、畲稻（生于旱地的稻谷）闻名，因此闽浙文人又习惯将畲族村落称为"三寮"。畲族村落中流传着不同于汉人的太姥娘娘故事，说太姥娘娘原姓蓝，又称蓝太姥，年轻时是畲家出了名的俏布尼（畲语"姑娘"），她聪慧善良，自己种蓝靛、苎麻，纺线织布，染布制衣，是制衣高手。乡间人等都以有一件蓝姑娘制作的衣服而自豪。姑娘精于巫术，惩恶扬善，治病救人。蓝姑娘百岁高龄，德隆望重，羽化成仙，畲家人便称她为太姥娘娘。

　　太姥山在唐宋时已十分兴盛，山南山北有三十六寺院，其中国兴、瑞云、灵峰、芭蕉、天王等寺宇规模宏大。今国兴寺的遗址上，还保存有三百六十根石柱，寺前有楞伽宝塔和石池遗址，足以见得当年庙宇规模的宏大。山间玉湖庵为朱熹草堂，璇玑洞为朱熹隐居之所。1988年，太姥山以福建太姥山风景名胜区的名义，被国务院批准列入第二批国家级风景名胜区。太姥山风景区包括太姥山岳、九鲤溪瀑、冷城古堡、福瑶列岛、晴川海滨、瑞云畲寨六个游览区。

葛洪仙山显奇幻

福安东部的霞浦境内有葛洪山，也叫洪山。位于东冲半岛北端，东入福宁湾，西凭东吾洋，山势为东西走向。山势绝顶凌空，是霞浦县南部的最高山。山的南北两侧全是悬崖峭壁，重峦叠嶂、巍峨秀拔、气势雄伟，以葛洪天险、蓬莱仙境著称于世。山下碧海金滩，绿野玉树。葛洪山古称高平山，相传道教丹鼎派代表人物葛洪曾在这里修炼，他听说山上盛产炼丹丹砂和中草药，就不远万里带着子侄来到山上边修道炼丹，边为民治病，留下了许多美好的传说。后人为了纪念他，修建了葛洪仙宫，把高平山改名为"葛洪山"。

葛洪（284—363），字稚川，号抱朴子，人称葛仙翁，丹阳句容县（今

◎ 葛洪山

江苏省句容县）人，是东晋著名的医学家、制药化学家，以及道教一代宗师。葛洪生于名门望族，为家中第三子，其祖父是三国时方士葛玄，亦称太极葛仙翁。13岁时，父亲去世，家道中落。他本来想成为一个儒者，博览了经史子集，后由神仙导引，师从葛玄弟子郑隐（郑思远）习炼丹术。从左慈至葛玄、至郑隐、再至葛洪，形成了丹鼎派的师承渊源，而葛洪为集大成者。葛洪在广州多年，深感荣华富贵与位高权重就好像匆匆过客，不值得留恋，于是隐居在广东省罗浮山中采药、炼丹。他的晚年在杭州葛岭（葛岭因此得名）结庐炼丹，现如今当地仍留有抱朴道院，殿内正中供奉葛洪祖师像。葛洪的大多数著作都已失传，仅留《抱朴子》、《梦林玄解》、《神仙传》和《肘后救卒方》等。他对以前的炼丹文化与神仙思想进行了总结，在道教发展史上有着极其重要的意义。

在葛洪山山麓南面之悬崖上有葛洪洞，相传是葛洪炼丹处。明万历《福宁州志》、清乾隆《福宁府志》、民国《霞浦县志》等地方志书都记载说：那里是晋代葛洪炼丹处，山有石洞，洞中有石屏、石几、棋局，洞中刻有篆文六字，人们无法识读。清乾隆年间，福安解元陈从潮在《韩川文集》中曾作《洪山石篆赋》，发出"灵迹长存，其妙谁识"的感叹。岩上有"百胜"二字，洞口石窍、石罩、石泓，泉眼通海，深不可测。山上还有迎仙台，相传每年农历九月九日重阳葛洪与左慈、葛玄、郑隐等聚会在这里，师徒四人谈经论道，举棋对弈。当地药农曾到这里探险，见有一个三鼎香炉，群众便认为是神道所现，视为圣宝，常遥拜祈福，使葛洪山一直笼罩在神秘的道教仙气之中。

葛洪山的主景区位于迎仙台的南北两面，这里奇壁突兀，怪石丛生，最著名的是三百八十石，千姿百态，鬼斧神工。山体岩洞众多，有180多个天然洞窟，曲折清幽，深不可测。其中海眼洞，人称妖魔洞，是一座三石室相连的洞府，洞深约50米，洞门隐蔽狭小，只容一人出入。洞口向下3米为前石室，连接中间石室，室内有通天眼，有微弱阳光照射，后石室四六见方，高2米，地面干燥平坦，边有过道。相传古时候有鲤鱼精在此修行得道成仙，每年端午节当地百姓都上山朝拜，祈保四季丰登，四境平安。

福安境内山灵迹

霍童、太姥、葛洪诸山，鼎足而三，神灵仙真，位列四周，福安山川便笼罩在神秘迷人的仙气当中。再看福安境内，则山水相拥，有神则验，有仙则灵。

明清两代的《福安县志》记载了境内诸多灵异仙山。在众多山川名胜中遗留最多的是马仙传说和马仙遗址。马仙传说年代久远，明代的《绘图三教搜神大全》、何乔远《闽书》、冯梦龙《寿宁待志》、清代景宁鹤溪人潘可藻《马孝仙传》等书，以及明清闽浙许多地方志书都有记载。但流传最广的是唐代文学家、书法家李阳冰的《护国夫人庙碑记》的记载。李阳冰是唐乾元时（758—760）的缙云县令，为诗人李白族叔。公元762年，即宝应元年，他做当涂县令，李白曾前往投靠他，他也曾为李白诗集作序。有关马仙出生地，有建安（今建瓯）人说、福宁（今霞浦）人说、永安人说等，众说纷纭。据《护国夫人庙碑记》记载："护国夫人马氏括苍山下

◎ 福安山溪图

邑鸬鹚人也",这里的"鸬鹚人也",即指今浙江省丽水市景宁县鸬鹚乡人。至今闽浙大部分地区的人都认为马仙信仰的发源地在浙江省鸬鹚乡。

作为民间性流传的仙班人物,有关马仙的史料和传说历来众说纷纭、扑朔迷离。相传,马天仙,俗名马七娘,人称马元君,姐妹三人,排行第三,是中国古代典型的孝媳贤妇,因其侍婆敬姑、极尽孝道而被后人尊称为马孝仙。后来,马仙的神职扩展到祈雨求子、驱瘟遣疫、降魔伏寇等多种功能。宋真宗曾先后两次敕封马氏,公元1012年,即宋大中祥符五年,封为"灵泽感应马氏真人",公元1018年,即宋天禧二年,封为"懿正广惠马氏真人"。

光绪《福安县志》说,县西五都仙岭山,即当年朱熹的过化之乡,有马仙遗迹。每当大旱祷雨,乡人就提着空瓶,塞住瓶口,往马仙遗址的悬崖石间烧香祈求,顷刻间瓶内就有清水自然溢出,人们把满瓶的清水迎归,前脚一走,雨水便随之而至。遗址山下有股石眼泉,虽仅容一勺,却取之

◎ 在缪仙峰观日出的人们

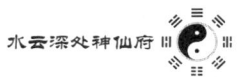

不竭,人们都说是马仙显灵。县北六都有仙洞山,山巅上有一石洞,相传是马仙居住的地方。每遇大旱,便有乡人临洞祈雨,极为灵验。六都棠濑昆仑境建有马氏仙宫。县西十七都,有仙岩洞,洞内有石室,深四丈许,村民在此祭祀马仙。县南二十四都,有马仙洞,洞内云气升腾,相传这里的马仙是取道武夷山来的,每逢旱季,则祈之,甘雨便随之降临。

在福安民间家族谱牒中也记载了乡间的马仙遗迹,如修订于民国年间的社口镇《吉洋济南林氏族谱》记载:"马仙宫,在大坝头上玉岩山,系前清宣统庚戌年建,距本乡十里,偶逢天旱祷之即雨,各村无不信仰。"清光绪《福安县志》说,上白石沙坑有马仙宫。光绪年间修订的《沙源陈氏宗谱》记载沙源(即沙坑)十景,其中有"马氏仙墩"一景,民间文人作诗道:"沙源一道半人烟,独有龟墩断俗缘。此地差堪为佛国,经营宝殿祀真仙。""鹭鸶庙貌拥祥烟,突兀龟山小洞天。马氏仙灵昭赫濯,平安字篆玉炉边。"

除此之外,明万历、清光绪《福安县志》还记载了福安山川的其他仙迹。如六都铁仙嶂,相传山上居住仙人。南宋末年的爱国诗人郑思肖曾借铁仙嶂仙人传说,作七律诗寄托情怀:"瘦节扶我云中去,有怀欲共仙灵语。南阳催起卧龙人,早为苍生作霖雨。"

九都有天池山,山上积雪常年不化,相传是福安著名的仙人缪从龙在此修炼,人们直呼"缪仙峰"。关于缪仙的故事,我们将会作专章介绍。

十都有白公山,山下有石室,相传是仙人灵泽夫人栖身的地方。十五都有仙境山,峰峦峻峭,怪石嵯峨,岩洞宽广,石门封固。相传有三仙人服唐代衣冠,人们一旦走进洞中,却一点踪迹也见不到。

十八都有叶仙山,相传有叶姓仙人在此修炼。十八都还有狮子岩,此山有仙人踪迹,并留有字谶说:"上有狮岩,下有燕亭。伏象走马,副使文林。"后来山下果有人家考取功名,印证了上述的谶语。

二十一都有王母洞,相传是周天子之女王姬曾在此修炼,夜间洞中时时可闻鼓乐之声。又有龙岩洞,位于唐代古刹龙岩寺后,洞可坐数人,下有石头阶梯,旁边有石刻,文字漫漶,不可复识,相传是仙人休憩的

地方。

二十二都有松源洞，遗存巨木与香炉，相传有仙人居住。

二十五都有白鹤岭，相传唐代有异人乘牛过往，正好村里有人丢失了牛，寻找牛时见到了牵牛的异人，便随着追去，等追到时，人、牛都不见了，仅留下了牛迹。岭上有洞，相传有一个女子，常常乘白鹤出入其间，女子自称洪三娘，不久便不见踪影，人们便将其命名为白鹤岭，洞名为洪三娘洞。

三十都有韫秀岩，有神仙出入其间。宋代福安文人刘季裴有诗句："山有神仙仙有坛，坛高风露遥天寒。"

三十三都有覆钟山，相传山上居住魏、虞二姓仙人，村民每求雨祈晴，则多灵验。

千百年来，上述神奇美丽的仙话传说，恍兮惚兮，给予福安的青山碧水以永恒的生命和灵动的活力，伴随着时间长河的缓缓流动，既充盈丰富了闽东"武夷君—太姥娘娘"的文化生态，也滋养着域内父老乡亲的肌体，并抚慰着他们的心灵。

城里城外鹤山观

目前在福安县内规模最大,影响最深的还要数鹤山道观。鹤山道观位于福安县城韩阳城内的鹤山上。在人们谈论福安韩阳城的形胜时,往往将鹤山与龟湖山两山对举,便有了"左鹤山,右龟峤"的说法。鹤山的山岚水雾与龟湖山的湖光山色构成了韩阳城十景中的两幅图画,即"鹤岫朝烟"与"龟湖夕照"。东部的鹤山是韩阳城最高山,因它地理形势的特殊性,在福安韩阳修筑城池史中常有"留龟放鹤"或"龟鹤对峙"的两难抉择。如今,位于左鹤山的鹤山观和位于右龟峤的三宝寺,因其历史地位的特殊性,成为福安城关道释二教的双子星座。

龟鹤留放说围城

早年位于福安的韩阳城是没有像样的城池的，四周仅围筑土墙，土城内宽二里，周长十余里。土墙立有四门，东为"瑞应门"、西为"礼贤门"、南为"秦溪门"、北为"衣锦门"。

公元1448年，即明朝正统十三年，人们商议筑城未果。公元1506年，即正德元年，分巡道阮宾接受了乡人的建议，下达文书给福宁州同知施隆、县主簿李友等人，垒砖砌城，在原有四个城门的基础上增设了小西门，称"凝秀门"。公元1527年，即明嘉靖六年，砖城重修。公元1558年，即嘉靖三十七年，为防倭寇，倡议重修加固。次年四月初五日，新城改筑没有完工，倭寇临境大举围城。贼寇占据东门外鹤山等处制高点，以铁镞、铅铳密集狂射。三日后城陷，知县李尚德挂印从东门逃遁，其妻陈氏投江而死。城墙被攻破崩塌后，加上连绵阴雨，整座城墙几乎全被损毁。十一月，知县卢仲佃从晋江县令位置紧急调往福安，他单车赴任，一路见到的是满目疮痍，蓬蒿没腰，呻吟声遍地。他泫然垂泪，久久不止。他视察了几处

◎ 鹤山道观

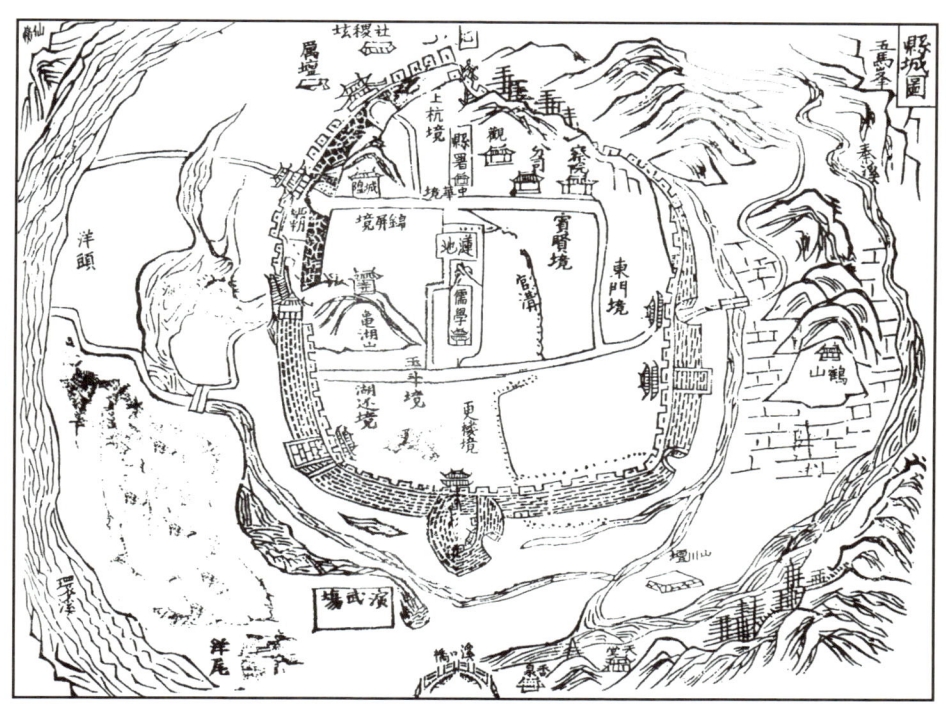

◎ 明万历《福安县志》县城图

被攻破的城墙，很有感慨地说："无城无民，已未之变的覆辙还会发生。"卢仲佃有晋江筑城的经验，且凿且筑，且筑且守，他特别改进了来敌容易攻破的工事。其中之一是"避鹤山之宽而改者"，加高加固了远离鹤山的城池，乡民们夜以继日，忙于城防工事。

公元1560年，即嘉靖三十九年三月清明，县城厉坛和各都三十二所乡厉坛，都举行了别开生面的祭祀活动，厉坛是祭无祀鬼神的坛，悼念死于倭乱的父老乡亲。县令卢仲佃主持了县城的坛祭，此时，城隍庙已被毁弃，无法迎请城隍爷，仅在厉坛上设立城隍神位。各乡的坛祭由里长操持，各地土地、土主等众神灵也忙于祭事。城乡各地的道士们是参与祭祀的主角之一。这次坛祭，既是寄托哀思，又是战前动员。到了四月初五日，城池刚刚竣工，倭寇又来犯境。老百姓恐惧往事，人心浮动，无法平息。卢

县令站在城头动员,安抚人心,并调兵遣将,有效御敌,城保民救,人心遂定。乡人为了纪念卢县令,便在莲池边建了卢怀莘(即卢仲佃)公生祠。公元1562年,即嘉靖四十一年,知县黎永清构屋城上,以避风雨。公元1563年,即嘉靖四十二年,知县李有朋重修城池。

人们在建筑自然之城的同时,又建筑起精神之城。万历初年,鹤山上建起了鹤山观,与真庆观一样,鹤山观属于有官方登记的道观。到了明代末年,原来位于韩阳城南郊三都的溪口边由东岳行祠改成了东岳观。没有资料记载东岳行祠建的具体时间。也没有资料说明,谁主持鼎建了鹤山观。也是在万历年间,因为建城的抉择,民间有了"留龟放鹤"俚语的出现。公元1581年,即万历九年七月初九日,洪水从西北涌入淹没了城池,城圮三面,独存北隅与东城之半。这场福安有史以来的特大洪水,改变了知县汪

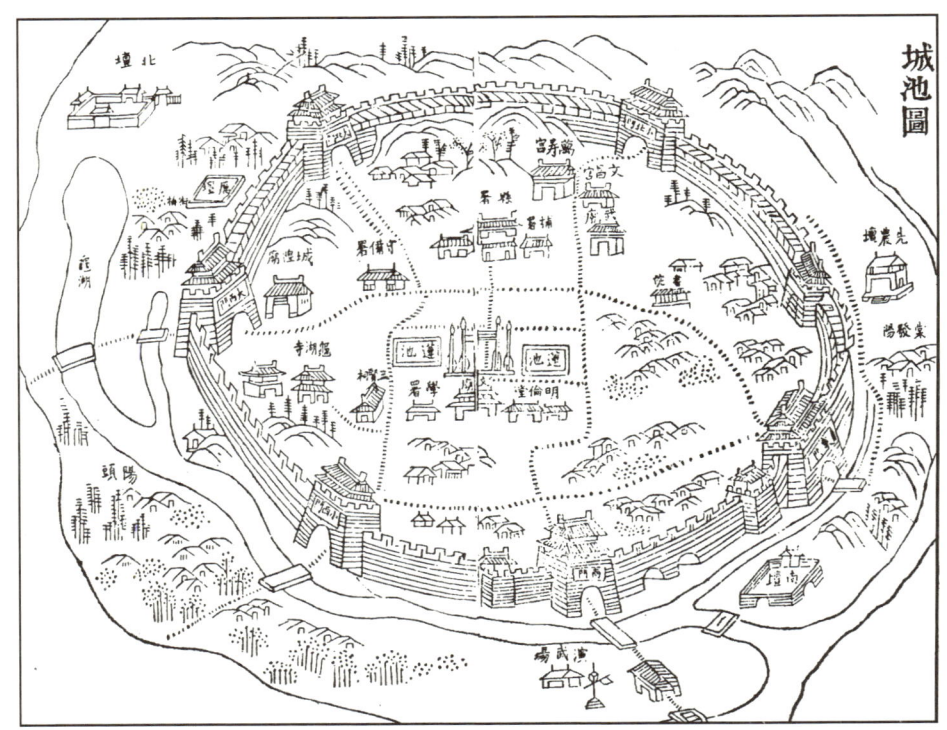

◎ 清光绪《福安县志》城池图

美筑城的思路。龟湖山是韩阳城水路贯通的咽喉，其地位无可替代。从此鹤山进入了他的视野，他议定裁划民地，东拓鹤山，将鹤山纳入了城内，形成了"龟鹤并峙"的局面。同时，将城门做了较大移动。移礼贤于坝岭，易名"安磬门"；移凝秀门于龟峤，易名"立极门"；改瑞应门为"就日门"。从此，鹤山上的鹤山观成为韩阳城内与真庆观、龟湖寺齐名的三大宗教建筑之一。在整个福安县域内佛寺、僧人的数量远在道观、道士之上。而就韩阳城内而言，其道观的影响力并不输给佛寺。

◎ 清光绪《福安县志》韩阳十景——鹤岫朝烟

公元1593年，即万历二十一年正月，知县陆以载认为鹤山山高地低，老百姓难以守城御敌。在比较防寇与防洪二者重要性时，他觉得守城御敌为上策，而围城防洪为次策，便起了"留龟放鹤"的念头。他按照当年知县卢仲佃的设计图纸，在发挥龟湖疏通流水作用的基础上，把东北郊城池按照旧路线衔接。至此，鹤山被摈于城外，鹤山观也就被分离出来了。

清代也有多次修建城池之工，而知县们都没有考量到鹤山的地理形势，是人力、财力有限，还是另有缘由，人们已经无法臆断。

关于"留龟放鹤"的说法，民间还有不同版本。说福安建县之初，县令计划围城时，针对龟湖山与鹤山的去留，颇费踌躇，最后选定龟湖山而

放弃鹤山,结果这位县令自己却犯了官司,下了监牢。地方志书中没有这方面的记载,也许只是一种来自民间的意愿,或者是一些人对城内鹤山的眷念和鹤山被弃的不满。自鹤山观不在城内后,其香火一直不旺。光绪《福安县志》中韩阳城内登记的道观仅有真庆观与东岳观。鹤山观的消失是因风水变更而引发的颓势,还是另有缘由——鹤山与鹤山观留下的谜团实在是多。

文人荟萃鹤山峰

鹤山建观之前，福安籍官吏郭文周就在鹤山上建有鹤山别墅。郭文周，字景复，号东山，福安韩阳城内鹿斗街人。公元 1544 年，即明嘉靖二十三年考取进士，授得中书舍人，先后任云南道御史、广东巡按、顺天府丞。他因为弹劾赵文华，得罪了严嵩，被革除官职，解甲归田。明朝官员的俸禄并不高，况且郭文周还"犯了错"，他晚年在家乡虽然并不富裕，但是仍然节衣缩食，心系桑梓，热衷公益。那时的鹤山别墅青松翠柏、四时葱茏，是韩阳佳胜。四邻乡贤都仰慕鹤山别墅主人的美名而前来拜访。当年，这里时时高朋满座，人们谈笑风生，诗词歌赋，海阔天空，鹤山别墅俨然成了文化沙龙。嘉靖年间建于鹤山之麓的郭公石坊，到了公元 1617 年，即万历四十五年，郭文周死后，他的学生陈万言将石坊移建于鹿斗街莲池边，石坊三栋四柱，中间匾额雕刻"文献名宗　清时执法"八字。因为当年郭文周中进士时，莲池水三天清澈可见，人们都十分惊异。公元 1753 年，即乾隆十八年，石坊再度重修，由曾任四川郫县知县的乡贤李馨题写碑文《重修东山公莲池石坊记》。

在郭文周中进士后过了 29 年，到了公元 1573 年，即明万历元年，人们在鹤山上建造了鹤山观。这时，郭公已赋闲在家。没有直接证据说明鹤山观的建设与郭文周有关系，但是，不管怎样，对于韩阳城内的文化设施，郭公是不会不闻不问的。鹤山观初建之时，道门之地曾吸引着城内外大量的信众。每逢道场，更是热闹非凡。加之鹤山被纳入城内，给香客带来了更多的便利，白日黑夜求神问仙者，络绎不绝。这一天，初任福安县令的王思任，心情特别好。他想挪动挪动，到城东鹤山走走，会会鹤山观的道士与香客，体察民情。一路上阳光明媚，和风拂面，路边不时送来一阵阵不知名的花草的幽香。到了道观,三道茶后,王知县兴致盎然,他信笔题写"羽丹"二字。"羽丹"二字暗喻鹤山为丹顶仙鹤栖息之地,丹顶仙鹤是吉祥、忠贞、长寿的象征。关于鹤山观的史迹典故,不甚了了,但是福安知县王思任为鹤山观题"羽丹"二字,算是唯一的弥足珍贵的历史记忆。

鹤山上还有一段感人的师生情谊。故事的主人公是郫县知县李馨与福安解元陈从潮。李馨(1673—1764),字少白,别号莲舫,福安阳头人。自幼好学。公元1723年,即清雍正元年,应乡荐,授官四川郫县知县,为官耿直清廉,曾主纂《郫县县志》。他临终前嘱咐家人,在他墓碑上题上"诗人李莲舫之墓"。陈从潮(1739—1818),福安上杭人。公元1754年,即乾隆十九年,李馨告老还乡,从小聪慧的陈从潮拜李馨为师,专攻百家学说。从潮年方十六,就中秀才,之后又中解元。陈从潮对恩师情深意笃,在他的《韩川文集》中就有多次流露。乾隆二十九年正月李馨病故,陈从潮作《清故郫县知县李莲舫先生墓志铭》。

◎ 陈从潮故居

师生二人钟情山水，多次游历鹤山，他们对郭文周均心怀景仰，也曾光顾鹤山别墅，虽然物是人非，但怀古之情依旧油然而生。乾隆二十一年，李馨曾为重修于莲池的郭文周石坊作《重修东山公莲池石坊记》，寄托对古人之幽思。他们互相唱和韩阳十景，其中包括咏叹十景之一的"鹤岫朝烟"景观。师生二人各自抒写的韩阳十景诗，一同刊载在清光绪《福安县志》上。乾隆二十五年春，陈从潮从李馨游阅福宁山川。四年后，先生仙逝，学生感慨涕零，陈从潮作《挽李莲舫先生二首》，挽诗直抒胸臆，情意真切。其中一首写道："风谊师生感，门前幸执经。登堂一洒泪，回首四周星。奖借渐都讲，追随失典型。环溪山月白，忍过大玄亭。"

　　万历年间（1573—1620），鹤山上还建有鹤山宫，宫内墙壁曾画有一条巨龙，张牙舞爪、惟妙惟肖。万历八年，知县徐廷兰赴任伊始，福安县衙后城墙忽然崩塌十丈余。次年九月，无风无雨又见城墙崩塌，随之，洪水淹没城池。乡人以为，与鹤山龙有关，是"龙飞蛇鼓舞"的谶语灵应。万历九年，县令汪美筑城于鹤山顶。万历二十一年，县令陆以载复改旧基，鹤山又被遗弃在城外。这一切是否与鹤山龙飞蛇鼓舞的谶语有关？究其缘由，似乎明万历《福安县志》给出的断语还比较合理："大概都是时运兴废的安排吧。"

华丽今身鹤山观

当历史翻到新的一页，从20世纪80年代末开始，韩阳城镇建设的步伐就迈得很大。新的街道一条条出现，沿街的店面一片片拔地而起，各具特色的南国住宅群一组组凌空出世。城市建筑细胞正在不断地累积、裂变、生成，韩阳城就像充满生命活力的幼儿，每天吐纳着阳光、空气与雨露，不停顿地延展着骨骼，丰隆着肌肉，贯通着脉络，畅流着血液，一天天成长，一年年增强，岁月的年轮终会将其打造成顶天立地的巨人。新旧城区的面积相比，不知要扩大多少倍，而且还在继续向城区的四周延伸。

人们开始装点城区的自然山水，当年的韩阳十景，已经被新十景、新

◎ 福安韩阳城今貌

二十景所替代。龟湖山、天马山、鹤山等青峰碧峦正陆续恢复起宗教文化景观,鹤山顶上尘封多年的鹤山观历史遗迹重现了诱人的仙姿。

从韩阳城鹤山路驱车北行,到鹤山脚下。再沿鹤山北坡蜿蜒而上,便临近了鹤山顶,只见迎面是一块巨大的新疆玉,玉石上雕刻着"鹤山观"三字。碣石西面是鹤山观云厨、丹房兼客堂。深入鹤山观主体区域,绿树金瓦,气势恢宏。只见整个建筑群均是坐东向西,面对着仙岫山,那里是古时韩阳十景之一"仙岫晴云"的景观地。俯瞰山下,宽敞的街道,欢快的人流,连片的建筑物错落有致,风光满溢。古人说,此处望城的感受是"每晓烟一抹,雉堞迷离。"

山顶上是大罗宝殿,殿前有香炉,左右有经炉。殿内主祀三清教主,即道教诸天界中最高者元始天尊、灵宝天尊、道德天尊的合称。还奉祀三官,即天官、地官和水官的合称。三官大帝是早期道教尊奉的三位天神。上古时期,人们祭天、祭地和祭水礼仪中就有该神灵存在。左边神龛供奉斗母元君,右边神龛供奉圆通自在天尊观音大士。大殿内楹联两副,由福州著名书法家朱棠溪先生书写。后副楹联是"无上天尊乃乾坤主宰,混元一炁为道化根源"。前副楹联是"泯色象于清虚,道非常道;立天地之化育,名无可名"。

从大罗宝殿顺石梯而下是玉皇殿、斗姆殿、缪仙殿三殿并列。中为玉皇殿,殿内中间祀玉皇大帝,左右配祀太白金星与御前元帅。大殿前有两副楹联,均出自中国道教协会会长,兼中国道教学院院长玉溪道人闵智亭之手。其一联句是"统御诸天,位尊而上极无上;恩覃三界,道妙而玄之又玄"。另者为"七宝林中,妙行真人谈妙典;五明宫内,洞玄仙子演仙经"。大殿内有北京书法家、全国卫生书画协会副主席陈翰彬书写的楹联,联句是"道极贵,德极尊,巍巍万天圣主;教至广,法至大,荡荡诸仙神恩"。 还有北京市著名书法家、书法教育家、书法理论家袁其微先生书写的楹联,联句是"玉相庄严,统御诸天,大道无名三界仰;皇恩浩荡,权衡宇宙,群生有赖万灵宗"。

玉皇殿北面为斗姆殿,正座神龛中有斗姆元君,左右伴金童玉女。正座左右神龛有五位财神，包括一位福禄财神与各两位文财神与武财神。另有月老仙翁。大殿两侧为六十甲子本名元辰。斗姆殿造价昂贵，整个仙殿由进口实木构架而成，内六十九尊神仙均为新疆玉雕成，玉仙圣像造型各异，洁白通透，雍容华贵。因为殿内供奉财神、月老与六十元辰等神仙，直接关涉财运、姻缘与命运，因此，斗姆殿遂成为鹤山观中人们最为热衷且经常膜拜之处。每逢三月初三，群仙聚会，斗姆殿更是热闹非常。

玉皇殿南面为缪仙宝殿，殿中祀缪仙，缪仙主要是闽东，特别是福安、寿宁两县信众供奉的道教俗神。关于缪仙的仙话传说，将有专章介绍。殿内还祭祀南极仙翁、北极星君、文昌帝君、东岳大帝，以及福德正神与叶大元帅等神灵。缪仙宝殿内外共四副楹联，殿内楹联是"玉籍回春，挽甲庚于天上；金房衍历，增岁纪于人间"。"应念垂慈，布仁风于碧落；随机赴感，流清雨于青宫"。殿门楹联是"忠孝成神，共仰星辰钟将相；文章司命，原凭德行重科名"。"白鹤归来，崖畔千年银杏；绿云深处，韩城十景名山"。

◎ 鹤山道观玉皇殿玉皇大帝像

◎ 鹤山道观斗姆殿中的玉石六十甲子像

三殿之间，立两通石碑，碑身一面记载施主功德，另一面镌刻陈翰彬题写的"德育群生"与袁其微题写的"道冠古今"字样。

沿着缪仙宝殿而下是将爷庙，即福安城乡习见的庙宇，供奉城隍神系之黑白无常鬼的庙宇，庙内正中是黑白无常面目怪诞滑稽的坐像，左右是其软身像，以备游神之需。黑白无常，位卑权重，是演绎因果报应的预言家，是徜徉于阴阳两界的执法者。人们都说将爷庙的楹联言简意赅，通俗易懂，是告诫芸芸众生的道德箴言与警世寓言。庙内外共四副楹联，殿内楹联是"为善必昌，为善不昌，祖宗余殃，殃尽必昌；为恶必灭，为恶不灭，祖宗余德，德尽必灭。""阳世奸雄，伤天害理皆由你；阴曹地府，古往今来放过谁。"殿门楹联是"今生富贵前生定，后世荣华此世修。""善来此地心不愧，恶过吾闻胆自寒。"将爷庙始建于1982年，是新鹤山观最早的庙宇，原在鹤山顶上，足见福安信众的价值取向。到了1989年鹤山观大

◎ 鹤山道观整体规划图

兴土木时，才移至今所。鹤山观占地 30 余亩，现有建筑面积 3000 余平方米。在十方大德信善的襄助下，鹤山观正按照整体的规划布局，不断扩展完善。

神异萦绕鹤山事

鹤山观是一个全真道龙门派的焚修道场，在道观住持陈信桂道长的引领下，道众们平时研读教典，疏通教理，又设斋醮科仪，依科演教。驻观道士们每日早晚坛功课是鹤山观最基本的法事，此举为了修真养性，祈祷吉祥，整饬道风，坚定道心。

鹤山观的斋醮科仪，与一般的道观相类，斋醮科仪包括阳事与阴事，也有清醮与幽醮之分。但是鹤山观还是以清醮科仪为主，主要有正月初五迎财神，正月初九玉皇大帝诞辰道场，二月初三文昌帝君庆贺道场，三月初三供祭诸天，四月顺星道场、祝星科仪，六月初一缪仙翁得道、八月初一缪仙诞辰道场，九月初九斗姆及南北极仙翁诞辰斋醮，还有正月十五日与八月十五日的黑白无常谢范大人诞生日祭供等。其中，最为热闹的是三月初三贡天清醮，道教认为天有三十六重，贡天即供奉三十六诸天，三十六重为大罗天，这里的宫殿为大罗宫，意为最高的仙宫。因此，贡天清醮在大罗宝殿举行，此时信众云集，多达万人以上。缪仙翁诞辰道场，是闽东独有的清醮科仪，也吸引着闽东诸县的信众。至于谢范二位大人的斋醮科仪，是介乎阴阳之间的法事，俗话说的"十里不同道"，即指不同县邑就可能有不同的道门祭祀风俗。福安信众对谢范二爷就有着特殊的心理和别出心裁的斋醮仪式。

借诸仙法力，求得福慧资粮，是人们的善愿玄想。鹤山观的斗姆殿与缪仙宝殿往往是信众最常光顾的地方，因为斗姆殿里有财神爷、月老仙翁以及六十元辰诸位神仙，人们求财求喜，以及信众每届生辰吉旦时，在斗姆殿里补运。缪仙宝殿里的文昌帝君尊位是莘莘学子与其父母乐意燃香之处。

每当斋醮科仪进行时，鹤山观的道士们都身着一袭金丝银线的道袍，

手持功能各异的法器，在坛场中且歌且舞，犹如演绎一出庄严的戏剧。而求愿者，既是观众，又是演员，拈香诵经，心向往之，随着科仪情节的发展，且跪且起，如痴如醉。歌舞事神的仙术程式，始终以信仰系之，即唤起信仰，传播信仰，永驻信仰。于是，鹤山观的神异事象便由于上述斋醮科仪场景的示现而埋下了伏笔。

这一天，一对年轻的夫妇，双双来到斗姆殿的月老仙翁神像前，他们各自都要酬神谢愿，因为他们都认为是月老仙翁撮合了这段姻缘。本来他们素昧平生，分居在不同的乡镇。他们仅仅听说鹤山观月老仙翁灵验，便不约而同都想到斗姆殿祈婚，希望仙翁能够帮助他们找到理想中的伴侣。那年在鹤山观，他们不曾邂逅，男的比女的早一个月到斗姆殿，即分别是上年度的农历三月与四月来道观求神问仙。随后的故事就是从初次相识到谈婚论嫁，短短一年的光景，便洞房花烛，两人弹奏起了琴瑟佳音。道姑居士们都笑谈此事蹊跷，神的约定，人的情缘，冥冥之中深藏玄机。

◎ 鹤山道观的斋醮仪式

◎ 参加道教斋醮科仪的人们

  这一年临近高考，福安的一对农家父子来到韩阳城。儿子在福安一中读书，父亲为了儿子能够考进大学，在城里一边照顾儿子的起居，一边踩三轮车谋生。父亲告诉儿子鹤山观文昌帝君很灵，会保佑我们父子的。他每天凌晨都来到缪仙宝殿的文昌帝君处，燃起头一炉香祈愿。儿子孜孜矻矻，埋头苦读；父亲风雨无阻，膜拜文星。到了高考发榜时，儿子的考分高过了清华大学的录取线。信众们说，这么高的成绩是儿子勤奋努力的结果，也附加父亲的精诚所至与文昌帝君的神力推进。

  另有一人突然得了怪病，求医问药始终不见好转，只好求助巫医。巫医说，他的魂魄让无常鬼无意勾走了，赶紧去将爷庙要回来，不然就来不及了。福安城乡有将爷庙十余座，就是韩阳城也有好几座，该上哪一座呢？他求神问卦，说是在鹤山观将爷庙。病家到了鹤山观，径直往将爷庙奔去。将爷告知，魂魄寄存在缪仙宝殿。病家又辗转到缪仙宝殿，筊杯挥动着，始终未得到缪仙的允许，也不知魂魄安放在何处。缪仙翁发话，将爷们将物件寄存吾处，未得他们同意，怎敢擅自归还，病家得先拜过将爷，讨他们欢心，再来索物不迟。于是，病家重新回到将爷庙，烧香膜拜，一丝也不含糊。征得无常将爷们允许，再折回缪仙宝殿。缪仙翁这才批准，神示病家，魂魄就在神座内，尽管去取就是。病家探进空心神座里，只见得一只小蚱蜢闪动着小小的眼睛注视着来人,不多久便神奇地跳了出来。病家顿然觉得一身轻松,返家后怪病痊愈。这个故事的主人翁,仿佛不是去现世的医院,而是进入了户籍衙门,通过了衙内几个部门的交涉,办理了相关手续后领回了"居民身份证",这事就算了结了。故事情节轻松活泼,富有喜剧色彩。

韩阳城有经营粮食生意的父子,是鹤山观缪仙宝殿的常客,不仅在缪仙诞辰道场见过他们的身影,平时进香也时时见到他们。这一年,父子二人到闽北贩运大米,满载而归,途中天空突涌乌云,越聚越密,眼看就要大雨滂沱,而父子俩运米的卡车是敞篷的,倘若下雨,数十吨大米就要报废。荒郊野岭连个避雨的地方也没有,情急之下,父子俩只好插草为香,祷告缪仙襄助。路祭之后,便上车急急赶路,一路上乌云浓密,就是不见一滴雨水。父子俩的心提到嗓子眼,驱车返家,等卸完了大米,倾盆大雨顿时降临。他们都松了一口气,齐声感念缪仙翁的护佑。

◎ 鹤山观中虔诚诵经的道长们

◎ 鹤山观供奉的三清神与三官大帝像

　　人们还说起了发生在鹤山观里的许许多多的灵异事象，这些都是有名有姓、有时有地，发生在信众身边的平常事例。其中的因果链条是非理性的，无须解答，无法复制。神灵仙真的奥秘就在于不可言说，人们无法以一贯的逻辑链条来一一推理判断。宗教伦理属于超自然的精神境界，人们尽管可以不信或者有自己的想法，但不可武断，更不可亵渎，要始终保有一颗敬畏之心。

闾山教派三仙师

在福安流传最广的教派恐怕要数闾山派了,而在闾山派形成之前,在福安境内的道教信仰是十分弱小的。

但据明万历编修的《福安县志》说,北宋时期,福安的道教事实上已经存在,主要是指南中国,特别是闽、浙、赣三省民间,极为兴盛的道教支系——闾山教门。同时,出现了著名的术士道人,人称"三仙师"。三仙师分属詹、张、陈三大著姓,为三姓族人所敬仰膜拜的偶像。耐人寻味的是,这三位高道都没有住持道观,而全部居住在福安著名的佛教庙宇。在福安宗教发展的历史时空中,道、释二氏,在社会底层,彼此之间往往相互宽容,和谐相处,相安无事。

福安多传闾山术

明万历《福安县志》记载,宋时三仙师,即詹、张、陈姓道人,他们皆传法于闾山,成了闾山教的门徒。闾山教是南中国民间道教的分支,是由闽越巫法闾山法、道教正一符箓派再加佛教世俗化的瑜伽教,三者合一发展而成的一支教门。闾山教是福安历史最悠久、信众最广泛、生命力最强的民间道教。正如《福安县志》所说:"邑中诸巫至今多传其术。"

闾山,是闾山教的本山,是闾山教门的传法圣地。按照民间说法,闾山是沉于水底的仙界法坛。清乾嘉年间编写的《闽都别记》记载:闾山本

◎ 闾山派所用的法器

为一座山峦，位于福州台江南台的龙潭壑、番船浦一带，那里有白龙江环绕，与天宁寺对峙。后被闾山教门徒的杵臼无意间打沉江底。从此，闾山陷落江底，而白龙江河床却上升成陆地。从此，福州民间便流传着"沉闾山，浮南台"之俗语。所以，在闾山教道坛科仪本里，每说到闾山时，多与江、海、池连在一起，如"闾山水府"、"水国洞中"等。水中的闾山增加了求法者的难度，况且，横在闾山门前还有一道险阻——沉毛江，只有渡过了沉毛江的人，才有机会敲开闾山之门。

专家考证，根据道坛中关于"江州府闾山法院"的说法，历史上的闾山应在江西，并与江州府相关联。而江州府治所，在历史上原在豫章（今南昌），后移浔阳（今九江）。在豫章与浔阳之间的名山就是庐山，庐山与闾山谐音，人们心目中向往的真正的闾山应该就是庐山。而庐山下的沉毛江当指九江，也就是古浔阳江州府的长江水域。闾山即为庐山，明代万历年间的《福安县志》也是这样说的。

关于闾山教主，在道坛中称许九郎，在道书中称许真君。许真君名叫许逊，字敬之，号旌阳，为东晋时道士，原籍汝南，后移居江西。据说他曾拜豫章吴猛为师，后举孝廉，公元280年，即晋太康元年，他担任旌阳县令，并创立"太上灵宝净明法"。传说在公元374年，即东晋宁康二年八月初一，在洪州西山，许逊举家四十二口，拔宅飞升。当时，仙雾缭绕，许家犬吠天上，鸡鸣云中，许真君成了"一人得道，鸡犬升天"的又一典范。北宋时，徽宗赐之师号为"神功妙济真君"，后世尊称他为"净明忠孝道始祖"，相传有《太上灵宝净明飞仙度人经》等著作流传于世。许逊信仰本为魏晋南北朝以来江南流行的巫术性民间信仰，其中一支到了唐代与道教汇合，至北宋开始形成为净明道，注重伦理道德的培养修炼。另一支便是以庐山为发祥地，保留南方巫术特点，注重科仪与法术的闾山教。

许逊被尊为闾山法主，始于闽、浙、赣三省民间道坛，后流行于广东、台湾等地区。传说闾山教主许逊在为官时，集县令与法师双重身份，他常常在公堂上，以"神方"、"符箓"为民众诊治疾病。于是，饶有趣味的是，县令公堂也成为道坛中所谓的"江州府闾山正堂"。

◎ 流传至今的清代闾山派科仪书

闾山法为巫法之首，其他如灵山法（或称"金山科"）、盘古法（或称"车山科"）等，都为闾山法所包容。在闾山道坛中最有代表性的是闾山、横山、蒙山（或称茆山）等，均以闾山为主导，统领三山的就是"江州府闾山正堂"。"江州府闾山正堂"科仪书的《拷贵》内，有教主许九郎的开场白："天上至尊是玉皇，人间最贵是君王，天下鬼神皆钦仰，唯有闾山作主张。"元代中期以后，福建成为闾山教的中心区域。

闾山派道师亦称"师公"，因为旧称闾山法科为"打尪"，故还称他们为"尪师"。道师根据年龄与道行，在不同阶段与仪式中有不同称谓。如面对神灵自称"法男"、"巫流弟子"等；道师经过传度受箓，当地称为"过法"、"奏名"；膜拜神灵时便自称"巫流臣"、"闾山门下臣子"等。道师设在家庭中的道坛，称"家坛"，系道师居家供奉法坛神灵之处，坛上设神

龛，以红纸书写本境与本坛所祭祀的主要神祇。每个家坛都有固定的坛号，如"感应灵坛"、"显应灵坛"等。家坛是道师为村民举行小型法事的坛场，信众到家坛，主要是求讳惊茶、卜问吉凶、联络道务等。道师大量的法事在法坛举行，法坛根据法事的内容与形式的不同而设立在村落宫庙或村民家中。道师法事有收箭、过关、请太岁、送白虎、遣天狗、送流霞、做十保等大小法事50余种，除了大型时令醮事的法坛设于村落宫庙外，平时小型法事的法坛主要设在村民家中。

闽东闾山教有三种类型：其一，闾山文教，称"玉堂正派"；其二，闾山武教，称"闾山武流"；其三，闾山梨园教，称"尪师傀儡"，即以提线傀儡演绎法事。

闾山道师在行持法事时，法坛中有镇坛、张挂、手持器物或铺设、穿戴等用品，统称道坛器具。器具大致分为法器、神图、坛物、服饰等。法器包括龙角、师铃、神鞭、铃刀、南蛇、法铃、七星剑、手炉、圣筊、戒尺、雷令、法印等。神图包括总坛图、行法图、三清图、天师图、闾山图、瑜伽图、茅山图、车山图等。服饰包括神冠、神镜、神裙、法巾、神衫等。

三姓宗谱说三师

三仙师，即詹六公、张元成、陈儒。他们大约是北宋乾兴至元符年间（1022—1100）人，分别出自福安的名门望族，并各有其精彩的道术生涯。

詹仙师名号不详，从詹氏谱牒中得到的信息，先祖是中原的富贵人家，后迁居福安平溪里，入闽时间推至西晋。福建地方史称"永嘉之乱，公元311年，即永嘉五年，"衣冠南渡，八姓入闽"。入闽八姓，包括林、陈、黄、郑、詹、丘、何、胡等，他们是西晋时期第一次大规模南迁定居福建的中原移民，他们的举动促成北方汉人与闽地土著的第一次大融合。平溪里詹姓，属于上述入闽的"八姓"之一。詹仙师是平溪里下十都晓阳支系实公后代，谱名为"詹六公"。《闽东詹氏通谱·文史篇》说：实公派下有詹氏三兄弟，其中老大就是詹六公。一日，他们三人到东海边游玩，忽见乌云蔽日，雷雨大作，闪电劈开滚滚涌浪，间山门突然洞开。三人见状，毫不犹豫纵身跳入大海，径直奔向间山法坛。他们得仙人授法，降妖伏魔、匡扶众生的法术日见长进。一日，仙人掐指推算，预知人间有难，三人便求师出山救难。老二、老三救难心切，以扁担、笋壳为舟，乘风破浪，赶赴除妖战场。他们施展本领，斩妖除魔，立功受勋，封为侯王。老大六公法术最高，却使用石臼渡江，延误了时间，未能赶上除妖的队伍，不得立功封侯。但他为民除害的心意已决，就留驻人间，保境安民。他寓居西善寺，主持法席，行罡作法，惩恶扬善，祈福禳灾，深得乡民景仰。从此以后，在历代詹氏修建的祠堂与宫庙中，我们几乎都可以见到一尊詹六公神像，他身着红色巫衣，手执法器，满脸通红，容光焕发，气宇轩昂，凛凛神威。现存的建于公元1546年，即明嘉靖二十五年的西坑水尾宫便可以见

◎ 福安城内上杭陈氏宗祠内威惠殿内陈仙师（陈儒）坐像（中）

到詹仙师的神像。

　　张仙师，名张元成。其先祖张演，字怀谅。公元884年，即唐中和四年，任东南道节度使，因避乱，由建康（今南京）迁居福安，张元成为其西隐派裔孙。明清两代《福安县志》将张怀谅墓列为"古迹"。根据清嘉庆年间的《清河西隐房张氏族谱》记载，元成公既得闾山真传，又焚修佛门，是身兼黄缁、亦道亦佛的神异高人，他驻锡仙圣寺，弘宣胜业，修植善根，为仙圣寺开山祖师，人称"元成和尚"。张氏宗谱《显灵编》评价张仙师，认为人们同样处于高天厚土之中，同样具有五官百骸之体，为什么别人不能显灵，而仙师独能"显赫奕禩"？究其缘由，是仙师不仅得天地之正气，还萃川岳之钟灵，因此才获取久远之声名。乡人为了纪念张仙师，将其故乡命名为"仙师峤"，又名"张仙阪"。不仅本姓人崇信张仙，外姓人也同样信奉。有郭姓乡人在此地兴建张仙阪亭，纪念张仙。

陈仙师，名陈儒，为福安上杭街道陈氏宗族开基祖。清光绪年间《福安县志·氏族》将上杭陈氏作为韩阳城内（福安县衙驻地）第一家族介绍，陈氏先祖陈檄于唐末跟从闽王王审知入闽，并宦闽留居，其孙汉唐公迁居建州，陈儒为汉唐公曾孙。据民国年间的《凤冈陈氏支谱》记载，陈儒不屑俗务，传庐山（即闾山）济人道术，与詹、张齐名，并与詹氏联姻，晓阳詹氏，即詹仙师之胞妹，遂成为上杭陈家祖婆。仙师留寓龟龄寺，以符箓法术，降魔除妖，御灾捍患，普济苍生。又肇基福安城内上杭境凤冈山下，最终衍发成韩阳巨族。南宋淳祐初年，福安建县伊始，城内多存虎患，陈仙师显灵驱虎出境，并托梦给县令林子勋。第二天清晨，林子勋步入上杭境凤冈山下水井边，果见死虎横卧。该水井本名"义井"，井水淋洒极佳，林子勋便将其改为"虎井"。并将陈仙师驱虎事迹奏闻朝廷，陈仙师被敕封为"威惠侯"。后人在上杭陈氏祠堂边和韩阳城中华境各鼎建威惠侯祠一座，用以奉祀仙师。县令林子勋与陈仙师之间，代隔二百余年，一夕奇

◎ 上杭陈氏祠堂边的宋代古井——虎井

梦，一朝敕封，足见林子勋用心良苦：假借威惠侯神力，安靖域内；倚重"上杭陈"族势，和睦乡党。

万历年间《福安县志》将"三仙墓"作为古迹记载："詹葬长汀，陈葬城内，张葬仙圣寺旁。"

仙师关涉三寺院

栖（西）善寺、仙圣寺、龟龄寺本归佛教，因有三仙师寓居，便"忝列"仙乡。詹仙师修炼的栖（西）善寺位于归化西里，建于公元849年，即唐大中三年，是福安最早列入官方登记的寺庙。张仙师栖真的仙圣院，位于归化东里，建于宋元符年间（1098—1100）。陈仙师结庐的龟龄寺，位于平溪里，建于公元860年，即咸通元年。如今，除了仙圣寺荡然无存，不知所在外，其余两座寺庙犹在，但二者命运迥异。栖（西）善寺因世事变故，于20世纪80年代方被封存。至今，建筑、佛像保存完好，却仍旧没有开放。而龟龄古刹却香火依旧，信众如织。因以上二寺与仙师有着丝缕关联，因此，必然引人注目，诱人遐想。

栖善寺的信众领头人不姓詹，詹姓族人倡建的寺院是建于公元864年，即唐咸通五年的石门寺，该寺位于归化东里。而栖善寺的信众领头人是附近长汀村（今属坂中畲族乡）施氏族人，据光绪《福安县志·氏族》记载：长汀施氏始祖为唐光禄大夫文仪，祠建福州南台。到了六世廷柏始迁福

◎ 栖善寺（西兴禅林）遗址

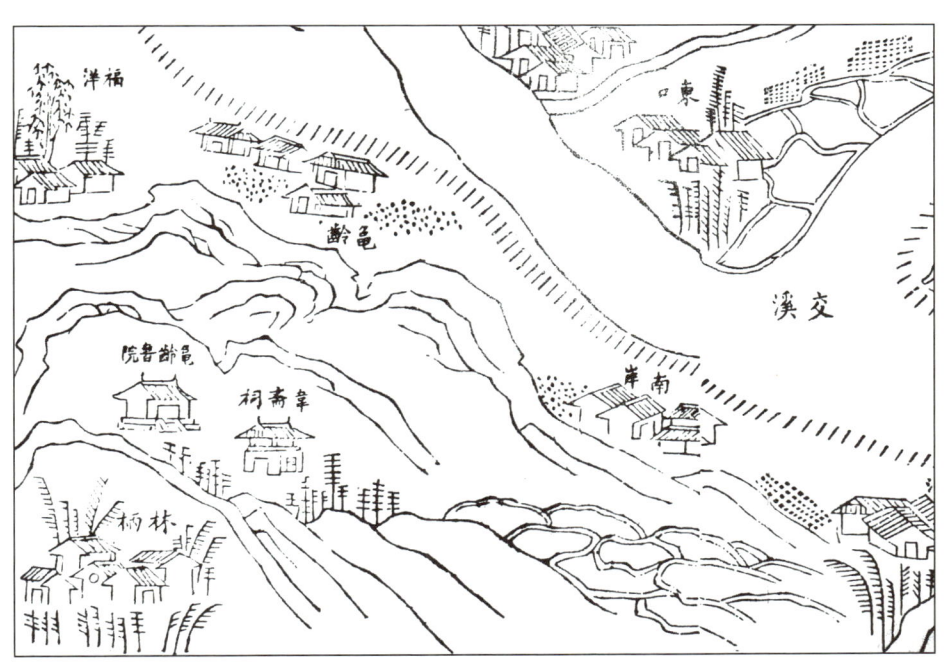

◎ 清光绪《福安县志》龟龄图中部分场景

安六都长汀。他们在五都坂尾南边建立祠宇，以祀先祖。又考虑南向岩壁巍耸，便在东边开凿凤池，"注壬癸之水，防丙丁之患。"在规划祠宇建构时发现水边有一山峰号龙山，形势突兀。就占卜其地，添建游亭，以供游玩时休息。后因洪水为灾，屋宇漂流无遗。就将所建龙山游亭改建成僧舍，名栖善寺，并立下石碑，记载清晰。又经兵燹屡变，碑遭沉没。寺宇迭经建造，改称西兴禅林。这是后话，詹仙师寓居时，寺宇仍名栖（西）善寺。值得玩味的是当年延请詹仙师驻寺时，族人是否考虑到他的道士身份，抑或因为他具有一般僧人无法企及的法力，深得乡民信任，故而，更具备入驻的资格。福安民间习俗，是见神就拜，是佛就请，压根儿就没有严格的佛道二教泾渭之分。岁月沧桑，往事如烟，当年詹仙师驻鹤栖善寺时，寺宇都供奉哪些神明，今天是否还留有詹氏仙踪，均已不得而知。现在寺中唯一具有文物价值的是一口古石槽，石槽边沿刻有（宋徽宗）"崇

宁元年壬午岁（公元1102年）十月九日造，口当住持僧南宗赐紫海希"的字样，以上"赐紫"二字，即指宋代福安僧人海希曾亲受朝廷所赐之最为华贵的紫色袈裟。显然，此为佛教遗物。

陈仙师寓居的龟龄寺所遗留下的轶事生动丰富。龟龄寺的檀越主不是陈氏，而是社口利岔村章氏族人，今龟龄寺中尚供奉章氏始祖檀越坐像。在陈仙师寓居龟龄寺后的一百年左右，朱松、朱熹父子曾来到过寺院。朱松（1097—1143），字乔年，号韦斋，江西婺源县人。公元1118年，即北宋政和八年，担任同上舍，曾一度迁升，当任度支员外郎兼史馆校勘、吏部郎等职。时值宋金对峙，朱松因政治主张与秦桧相左，触怒了宋高宗，被调任饶州（今鄱阳）知州。后辞官赋闲在家，随后又任台州（今浙江临海）主官。任期满后再次请调，令下后不久他便逝世了。南宋绍兴年间，晚年的朱松带着儿子朱熹来到了福安，当时朱熹才十来岁。崇尚道观的朱松对百年之前住在龟龄寺的陈仙师也许是有所耳闻。朱松在龟龄寺讲学数旬，离境后乡民在寺边筑朱韦斋（朱松）祠，以祭祀先师。朱熹晚年也沿着当年父亲的足迹来到了龟龄寺，他传授门徒，宣讲他的儒家思想。因此，人们也称龟龄寺为晦庵书院。清初康熙年间，福安建起了第一所官办书院，名

◎ 龟龄寺

为"紫阳书院",就是为了纪念理学名儒朱熹两次经过福安。如今,龟龄寺中遗留一只石制神龟,年代久远,没有办法鉴定是哪一种宗教的物品。不过,神龟可是灵物,它见证了历史,也时时静聆着一座古刹里,悠悠岁月中,趣味盎然的儒释道三家故事。

城隍真武佑福安

公元1245年,即南宋淳祐五年,长溪县的西北地区设置了福安县。其第一任县令是来自福建武夷山下崇安县的郑黼,他上任伊始,量地为乡,度地居民,日理万机,虚工实做,注重于县治所在地韩阳城内外的乡里与坊间的区划、设置等软件建设。光绪《福安县志》评价郑黼"井井有条,民不知劳"。离任时,老百姓十里挥泪相送。

公元1248年,即淳祐八年,福安县令由林子勋继任。林氏,字翼之,婺州永康人。《福安县志》对他的为官之德下了断语:"居官以廉谨闻。"在林子勋的政绩中,最值得称颂的是他在完善韩阳城基础设施的硬件建设方面。首先在扆山凤冈下建县衙公署,新建制的县城父母官得有一个实在的办公地点。随之,他始创学宫,开浚莲池,鼎建城隍庙,添筑真庆观,兴造玉春堂、扆峰亭、平远台等三处文化景观,如此等等,无量功德。

追根溯源城隍考

清乾隆年间（1736—1795），福安知县陈良翼作《重修城隍庙碑记》，追溯了福安城隍神的演变历史，认为城隍的原型源自坊与水墉，坊为堤防神，水墉为沟渠神。据先秦儒家之书《礼记》记载，坊与水墉都属于古代村落年终岁末祭祀的八大神灵之一。其中坊为第六神灵，水墉为第七神灵。

◎ 清光绪《福安县志》韩阳十景——龟湖夕照

随着村社之间贸易、交通的发展，村落集镇与城市都邑开始出现。保护城市都邑的、由土石筑成的屏障谓之"城隍"，"城"即墙体，"隍"即护城河。于是，在人们的造神构思中，坊墉与城隍，由物质实体的类比，转化为神灵象征的对应。如《碑记》中所说："由坊例城，城斯大矣；由水墉例隍，隍斯大矣。"从坊墉到城隍，是由村庄保护神嬗变为城市保护神。神灵的演变又促其神力扩大。早年，城隍神在雏形阶段，仍未脱离村落保护神的特性，就神格而言，仍然属于自然神。

到了汉代，民间出现了

◎ 三宝寺——最早的宋代学宫所在地

英武耿直的人死后成为城隍的造神倾向，自然神遂演变成了社会神。到了唐代，城隍神具有了"燮理阴阳"的功能，兼为冥界地方官，其神灵的功能增强，司职范围增大。正如《碑记》中所说："坊墉专事养民，而城隍所司，世以为兼刑赏。"冥界城隍的职能相当于阳间县令，即奖赏有度，责罚分明，祈福除妖，扬善惩恶。城隍与县令，虽有阴阳之异，却可幽显相通，人神一理，互为感应，彼此效职，共同治理，保境安民。

县令与城隍之间，关系密切。一般而言，在处理凡间具体事务上，县令的地位高于城隍，因此，他们给城隍发牒求助时，往往居高临下，带有命令口吻。但是，城隍身处冥界，对于阴阳两界具有全能全知的本领，世人的一举一动均在城隍监视之下，他们的命运掌控在城隍手中。城隍不仅管理域内一切鬼魅，还要干涉芸芸众生的饮食起居，生老病死。在"督

◎ 福安文庙遗址

官"与"慑民"方面，其无所不能的神力与至高无上的地位，县令根本无法企及。

公元1369年，即明洪武二年，朱元璋大封天下城隍，封京都城隍为"承天鉴国司民升福明灵王"，官秩正一品，格同三公；封府城隍为"鉴察司民城隍威灵公"，官秩正二品，等同六部；封州城隍为"灵佑侯"，官秩三品；封县城隍为"显佑伯"，官秩四品。各级城隍的官品级别远超地方官。

一个城市的城隍，可以永镇一方，千古不变，也可以因时而异，随民间造神观念变化而时有更替。这种现象更像凡间的知县，他们去旧赴新，

轮番上任。根据明万历《福安县志》记载,福安城隍便是"显佑伯"。

有人认为"显佑伯"就是指当地的"灵佑侯"。"灵佑侯"名讳薛芳杜,是薛令之的侄儿,令之的兄长薛楚之的儿子。薛令之,字君珍,号明月先生,长溪西乡石矶津(今福安市溪潭乡廉村)人,是福建(时称建安郡)首位进士,为公元706年即唐中宗神龙二年丙午姚仲豫榜,官至唐玄宗时的太子侍讲。薛芳杜举明经科,随叔伯在京。后薛令之辞官归田,薛芳杜也一同回归故里。唐肃宗当朝,召薛令之后人为官,包括薛芳杜在内的薛家后人都坚决推辞。薛芳杜为人正直,性格果敢,为乡民拥戴,死后百姓建祠祭祀他。至今福安西部乡村还有祭祀灵佑侯的庙宇。

宋政和年间(1111—1118),山寇犯福安,当他们将弓箭射到薛芳杜祠边的树木时,都惊恐万状,就地被俘。又建炎年间(1127—1130),贼寇经过薛芳杜祠,擂祠中鼓,不响。夜过山溪时溪水暴涨,忽闻四面军马嘶鸣,贼寇被全歼。乡人都说这是薛芳杜率兵杀敌。公元1212年,即嘉定五年,

◎ 薛氏宗祠

◎ 开闽第一进士薛令之画像

敕薛芳杜祠庙号为"灵佑侯"。三十余年后,福安县建城隍庙,"灵佑侯"薛芳杜遂为当境城隍爷。

从薛芳杜的家庭出身与本人表现来看,他是具备任城隍爷的资质的。令人疑惑的是,"灵佑侯"是州城隍的封号,而"显佑伯"才是县城隍的封号。或许是二者间有误会,或许是二者的职务有重叠。

公元1473年,即明成化九年,霞浦、福安、宁德、福鼎等县属福宁直隶州管辖。到公元1734年,即清雍正十二年,福宁州改为福宁府,据清乾隆年间的《福宁府志》记载,福宁府城隍神为西汉御史周苛,他奉命固守荥阳城。项羽破城后,周苛被抓临危不惧,骂不绝口。项羽发怒,烹煮了周苛。刘邦即位后,念周苛忠烈,令天下郡、县各设城隍,均以周苛为城隍神。福安"显佑伯"是周苛,或薛芳杜,还是另有其人,当下没有任何资料可以作为明确的佐证。

《福安县志》记载了明清两代数百位县令的姓名,但是,福安阴间城隍神一直由不知神名的"显佑伯"连任。这种局面到了清康熙末年才有了变化。据民间传说,到康熙末年,新任福安城隍的神灵出自寿宁县大安乡伏际村柯家,俗名柯世业,法名柯维振。他非科班出身,也非来自富贵人家,仅是普通农家青年。一次偶然机遇,经圆通自在天尊观音的点化,他赴闾山学法,得许真君真传,从此法力日增,出山后屡屡降妖伏魔,拯救万民。

公元1718年,即康熙五十七年,柯维振羽化归真,魂返天界,因治妖有功,被玉皇大帝敕封为永镇城隍,前往福安履职,延至今日,已历时三百载。

柯维振初任城隍神时,经常见到一位少女前来敬香。少女名叫徐月娇,住在离城隍庙不远的后巷街。徐氏见城隍仪态端庄,相貌堂堂,便心旌摇动,想入非非,禁不住口中念念有词:若能嫁得如此郎君,将三生有幸。城隍闻得少女心声,也凡心萌动。故每夜赴凡间与少女幽会,每届鸡鸣,回归庙宇。一年半载,少女日见消瘦。母亲问起缘由,少女说,夜夜都见一人坐在床沿,与奴家交往,情意绵绵,如胶似漆,此人长相酷似城隍。母亲叮嘱,夜里那人再来,吾儿便剪下那人衣角。夜里,少女遵母之言,剪下来人衣角。次日凌晨,其母赶赴城隍庙,只见城隍神衣袍果然缺去一角。她便立即焚香膜拜,恭请城隍迎娶月娇,之后回家,便不再见到女儿,知道她已随城隍老爷而去。神仙娶凡人为妻,虽属异端,终为美谈。自此,福安城隍正堂的柯姓城隍爷神像旁立有徐氏夫人神像。

关于明清福安城隍爷的来历,除了民间乡土文学的流传外,还有另一种版本。据清代光绪末年《福安乡土志》记载,福安城隍神是明翰林院学士詹事府少詹事柯潜。在清代被敕封为显佑伯,"永镇福安"。

柯潜,字孟时,号竹岩。公元1423年,即明成

◎ 城隍徐夫人

◎ 城隍柯老爷坐像

祖永乐二十一年，生于今莆田城厢区灵川镇柯朱村"草埔下"农家。祖父柯洪昌，父亲柯再兴，z据传，当年柯潜降生时，霞光冲天，其屋顶好像烈焰熊熊，乡邻误以为他家闹火灾，便纷纷赶来救火，一到才知是误会。

柯潜小时候，每夜间行路，村人常朦胧间看到在他前面好像有两个人持灯引路，灯笼上还隐约显出"状元"字样。村人惊异，将此事告诉柯潜父母，并劝说让孩子读书，将来一定有出息。柯潜父母望子成龙心切，便将他送到东海镇之北的坪洋山"石梯书亭"，还专门聘请了塾师教学。无奈柯潜生性迟钝，怎么学都不开窍，塾师认为"孺子不可教也"，便要求辞别学馆回乡。柯潜对老师意切情浓，便送其下山。塾师心有不忍，对柯潜说："我出个对子，你若能对上，我即回馆教你；倘若对不出，你就不必送了，我自己下山。"这时，塾师见有一年轻村妇挑着一担橄榄迎面走来，便灵机一动，出了上联："女子独行谁敢拦。"柯潜不加思索地回答："先生欲去我实留。"塾师听言，十分惊异，真是妙对，语虽平实，暗含玄机：其中"敢拦"与"橄榄"，"实留"与"石榴"，两两谐音，意藏双关。塾师惊呼小子撞上了壶公山神，莆田有句民间谚语：见了壶公山，聪明花开了。塾师一下子兴起说："我再回馆教你，但你一定要承诺，三年之内精心研读，不能

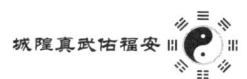

走出书亭一步。"果然，柯潜三年间，发奋攻书，不出书亭。这一年，柯潜送塾师回家过春节，一路沿溪而行，塾师诗兴正浓，出了一个对子：夕夜过汀溪，足踏满天星斗。柯潜对曰：新春悬古图，手扶万里江山。塾师无比欣慰，柯潜已熟读经书，学业有成了。

柯潜20岁时中了秀才，并于公元1444年，即明英宗正统九年，荣登举人第一名；于公元1451年，即景泰二年，考中状元。乡人都称他是"壶公转世"。柯潜登第后，品性高洁，为官刚正清廉，不趋炎附势，官至少詹事兼翰林院侍读学士，主掌院务。柯潜文辞平妥整洁，诗尤清婉，一生著作很多，著有《竹岩文集》、《竹岩诗文集》18卷。公元1473年，即明宪宗成化九年，因父母相继病故，他悲伤过度，在家与世长辞，享年50岁。柯潜在《明史》中有专传，他为什么当上福安城隍爷，却不得而知，怪不得《福安乡土志》说，柯潜当上城隍爷，不知道出在哪本书里。

一般而言，各地的城隍神灵系统均有两个层面，一为城隍上司，一为城隍下属。上司包括玉皇大帝、阎王、东岳大帝，下属隶役包括文武判官、黑白无常、牛头马面、日夜巡查等。城隍管辖范围广泛，机构庞大，有三十六曹，七十二司。

从唐末五代开始，城隍已正式纳入了道教的神灵体系，并作为冥界的主要神灵之一融进了道教的法事活动之中。四川青城山道人杜光庭编纂的《道门科范大全集》所记载的斋醮请神仪式，已设有城隍的法位。在道士建坛施法时，要送牒城隍，请他神力相助。法事完毕，要回牒城隍，请他归位，并以神功论赏。超度亡魂时，要发放《城隍牒》知照城隍，请拘解亡魂到坛。求雨祈晴时，要交付《城隍檄》，请城隍遵法显灵襄助。即使是道士传度授箓，参听法音，也须送牒城隍，以示见证。明代已有定型的经文《城隍经》，即《太上老君说城隍感应消灾集福妙经》行世，并将此经文收入最权威的道教典籍《道藏》之中。

启坛建醮祈城隍

城隍与地方官员关系密切,县令掌管区域的行政、司法、审判、税务、兵役等大权,他们在体察民情、执行公务、维持治安时,都时时处处求助于城隍。如南宋县令林子勋,为消弭县域虎患,就曾先祷城隍,经城隍托梦,陈仙师显灵,才有老虎夕仆井旁的完美结局。

据《福安县志》记载,明弘治年间(1488—1505),因为位于县衙前学宫后的莲池淤泥堵塞,池水干涸,韩阳城屡屡失火,却无水援救。正德十四年,知县于震祈祷城隍,得城隍"补牢无益于亡羊,犹可曲全于后日"的话语,便动员劳工挖泥清淤,终使浊水复清,仙山映影,鱼跃碧池,韩

◎ 城隍庙今貌

阳火灾得以控制。

明清以降，国家礼法规定，地方父母官走马上任，必须首谒城隍庙，对城隍矢发忠君爱民的誓约。此举在于祈求自行施政时，能暗得城隍相助，再者恭请城隍督查自己的言行，利于官员自我约束。

古代知县等地方官员祭祀的神灵林林总总，不一而足，斋醮科仪，时空变换，花样翻新。一年祭祀各色神等所费时间，差不多要一个多月。而地方官员履新伊始，先祭城隍后施政务，是唯一的特定神灵、笃定时空的祭祀行为。

城隍信仰的斋醮科仪，有定时与临时之分，全城与个体之别。临时性与个体性的斋醮科仪都在城隍庙内进行，除了平时入庙祭供上香外，还可能专程到庙宇请城隍爷特事特办。如住庙祈梦，即香客预备做某种生意，希望能在梦中得到城隍爷的神示。有些病重或得怪病的人，认为是鬼魅作祟，当巫师法力不及时，便祈求城隍爷在冥府里开堂夜审，剪除鬼魅，归还病人魂魄。有的人客死他乡，死者家属到城隍庙恳请城隍爷发给路票，即阴间通行证，好让亡者归来。城隍生日斋醮科仪，算是在城隍庙中最为重要的祭祀活动。农历十一月初五日是福安城隍柯老爷生日，八月十六日是徐夫人生日。在这些日子里，敬香祈祷者人头攒动，络绎不绝，此俗延续至今。

全城性的斋醮科仪主要体现在坛祭上，据光绪《福安县志》记载，福安的坛祭城隍，包括厉坛祭礼与神祇坛祭礼。所谓厉坛，即指祭厉鬼之坛。所谓厉鬼，专指那些无后辈定期祭祀的孤魂野鬼，其中泰厉为厉鬼之首，源自帝王无后之鬼。为了避免厉鬼因无人祭供，来人间作祟，自古我国就有祭厉鬼的风俗。早期这种习俗与城隍信仰无关。到了明洪武以后，朝廷整顿祭典，事神定制，城隍信仰被抬升，城隍正式封为地方冥官，孤魂野鬼便归城隍管辖。

《福安县志》"祭厉坛礼"规定，祭厉为一岁三祀，即清明日、七月望日（农历十五）和十月朔日（初一），守土官致祭县邑厉坛。先期备好香烛、穿戴公服（祭礼服装），诣本境城隍抵坛，作为祭祀厉鬼的主神。在

"祭厉坛礼"的文后附录《牒告城隍文》言：敕令天下有司（为官者），依时享祭，命本处城隍，以主此祭，镇控坛场，监察诸神，安抚与震慑厉鬼，毋使其精魂未散，结为阴灵，依草附木，兴妖作祟。此文告由主祭官宣读后烧去，城隍神便按照文告行事。极而言之，祭厉坛礼，是清扫鬼气阴风的"洁城"之为。斋醮科仪的过程是非常复杂的，往往要通过建坛、设置用品、诵经拜忏、踏斗、掐诀念咒等来共同完成。其中道士的作用是最重要的，几乎所有的过程都由他们来直接完成，所以在坛祭中称他们为"醮坛执事"。

大型斋醮活动，通常筑有若干个坛，其中一个是主坛，叫作"都坛"，其余的叫"分坛"。福安各都共设三十二所乡厉坛，各乡的坛祭由里长主持，道士执祭。与祭祀厉坛相关的是，明清两代对义冢的修建都十分重视，《福安县志》里有一定篇幅记载明清义冢的方位与修建人等，从伦理与宗教的角度，这都算是公益之举。

城隍信仰深入人心，福安乡村都流传城隍田故事。传说福安首洋村陈氏始祖初入平溪里地区开基建寨，因聚落地处原始森林边，常见老虎出没，伤害人畜。村民百般无奈，只好上龙虎山请高道消灾。请来高道，村民许愿，将百亩良田献给城隍，由城隍管业，保佑村民，以绝虎患。道士在平地搭建三界神坛，发文牒告知城隍。次日，人们发现这片良田上每一片犁起的土块上都隐约可见"福安城隍"字样。自此，虎患平息，乡间宁靖，村民安居乐业。于是，首洋村每年都向县城城隍庙交纳租米。此俗延续到20世纪40年代末。

《福安县志》中关于神祇坛祭礼的规定是，每年早春二月或上巳日（三月初三）或八月，本境文武官员致祭风雨雷电、山川、城隍之神，"惟神赞襄天泽，福佑苍黎"。在神祇坛上诸神列位中，风雨雷电神居中，左山川神，右城隍神。明清两代，按照朝廷《会典》规定，坛祭城隍是县城必须举行的典章制度，即每年均应举行祭祀厉坛与神祇坛的典礼。据《福安县志》记载，坛祠祭祀均为官方度支，所费银两每年定例。到了民国时期，此俗渐废。

  由于祭祀厉坛要预先迎请城隍，便衍生出城隍出巡的民俗活动，城隍出巡遂成为当年韩阳城里最隆重、最热闹的节日。出巡日都定在祭祀厉坛的前一天，即清明日前一天，先由县令行文牒告知城隍，乡人抬着坐着城隍老爷与夫人神像的八抬大轿，由城隍庙内衙役黑白无常等神像开道，走出庙宇，招摇过市。道士们沿街祈祷，乡民们一路狂欢，龙狮交舞，锣鼓齐鸣。城隍爷先到厉坛去赈济邑内的义冢游魂，到了晚上再沿着彩灯辉映、鲜花相拥、男女争睹的街道，神人共乐，回到城隍庙。城隍出巡的活动随着祭祀厉坛的礼仪废止而式微。今人认为福安城隍为"永镇城隍"，即"终身制领导"，若轻易走动，有碍尊严。为了保持其权威性，民间遂定福安城隍须每经六十年，即一甲子，方可巡游一次。

前世今生城隍庙

建立城隍庙是南宋知县林子勋在福安建县之初的一大政绩。城隍庙建于福安城西的锦屏境。那里曾是祥光大王庙，因为在夜里时现祥光，乡人便认为是祥光大王所为，因此立庙祭祀。林子勋认准了此地的灵气，就将祥光大王庙改为城隍庙。为了让阴间衙门的格局、气派，都与阳间府邸一一对应，随着县衙的不断翻建，城隍庙也屡建屡新。

到了明景泰年间（1450—1457），有佥事沈纳看中了这个地方，着意迁建城隍庙，把这里改为建宁道分司。晚上，沈纳梦见神灵出现，神一脸怒气，一见面就呵斥他，不同意移走城隍。沈纳一觉醒来，出了一身冷汗，从此再也不敢提起迁走城隍庙的事情。公元1509年，即明正德四年，锦屏境发生了一场大火，将城隍庙烧为灰烬。公元1512年，即正德七年，知县刘王寿在废墟中重建了城隍庙。到了公元1534年，即嘉靖十三年，城隍庙又遇到火神祝融，只建了二十来年的城隍庙又毁于火。知县李谟刚刚赴任，就遇到了这种灾难。次年，再建城隍庙。公元1537年，即嘉靖十六年，知县陈泗继任，他清廉耿介，摘奸除强。因为他每餐仅吃一个红薯，乡民呼之为"薯公"。但是他对政事却不含糊，又筹资重修了城隍庙。

公元1559年，即嘉靖三十八年，倭寇犯境，福安城陷，倭寇烧杀抢掠，无恶不作。这场浩劫，死者三千，被俘者七百余人，房屋财产被毁者无数，县衙、城隍庙都毁于这场倭祸。这次事件史称福安"己未之变"。农历十一月，晋江县令卢仲佃调任福安县令，他见到积骸弥野，与乡民一道建义冢埋弃尸，并作《倭后掩遗骸文》告牒于城隍，又重筑加固城墙，重建知县正堂与城隍庙。次年，倭寇再次犯境，他携三子与军民固守，倭寇败走。

公元1567年，即隆庆元年，知县李有朋立大殿重门。公元1581年，即万历九年，城隍庙内神像遭蛀虫侵蚀，遇七月初九福安特大洪水，神像被毁。水后，知县汪美重塑神像。公元1593年，即万历二十一年除夕，锦屏境发生大火，火焰直逼城隍庙，所幸近庙即止。这场大火警醒官民，人们反思城隍庙选址在祥光频现的大王庙是否合适。到了公元1610年，即万历三十八年，城隍庙又遭火灾，知县贺易学下决心异地重建。他请了风水先生，卜建新庙，城隍庙移建锦屏境后山。

公元1752年，即清乾隆十七年，福安知县夏瑚重修城隍庙。公元1757年，即乾隆二十二年，知县黄彬拨龟龄寺饷田二十亩，又在上十都小占、下十都晓阳两地共拨五号田，共二十余亩，合计四十余亩，以作城隍寿诞祀典之资。他将有关田产登记在册，并立碑铭记。乾隆三十八年，陈良翼新任福安知县，循例既受篆，又拜谒城隍。他见到庙宇垣阶颓圮，檐宇破败，决意重修城隍庙，经过公私并输，同心合力，使城隍庙焕然一新，并

◎ 福安城西的锦屏境城隍庙遗址

◎ 乡村处处可见的将爷庙（溪柄将爷庙）

作《重修城隍庙碑记》勒石纪念。

民国时期，随着制度的变化，城隍庙已经不被重视，也逐渐衰败。但是，作为阴间冥府的象征性建筑，阴风惨惨，毕竟让人望而却步，敬而远之。乡人都说城隍庙中的黑白无常模样狰狞诡异，当人们步入殿堂时，初入眼帘的就是面容可憎的无常鬼。因此，一般大人是不会带小孩去城隍庙进香的。

1937年抗战爆发，1939年福建省政府下令，将各县城隍庙改为抗战忠烈祠。1945年福安县长高诚学拆毁城隍庙。城隍庙被移到了龟湖山，与三宝寺比邻。

1993年，在福安天马山腰新建起城隍庙，后城隍庙改为东岳观。毕竟东岳大帝是城隍的直接上司，因此，庙宇可算是提高了一个级别。观内仍留有原庙的城隍正殿众神像，殿前立有题为《重建安邑正堂碑记》的石碑。2004年，在天马山下重新构筑永镇城隍庙。

◎ 乡村处处可见的将爷庙（苏洋将爷庙）

　　福安城隍庙中的黑白无常，虽然地位卑微，但是在冥界专司勾摄生魂。黑无常穿着一身黑长衫，执一把黑扇，戴一顶黑色高帽，帽子上写着"见吾死哉"四字，是一个六亲不认的煞星。白无常穿着一身白长衫，执一把白扇子，戴一顶白色高帽，帽子上写着"见吾生财"四字，既收人魂魄，又寻人开心，颇具黑色幽默。福安人将二位分别称为谢、范大人，又称"将爷公"，或者分别称"黑哥"、"白哥"。二者模样一黑一白，一高一矮，一瘦一胖，夜间出没，搭档而行。因为二鬼身份特殊，人们都很敬畏，便在城乡设立了大大小小的将爷庙，专门供奉讨好这二鬼，向二鬼行贿，走走二鬼的后门，希望能网开一面，避免被捉去见阎王。无形中乡镇的将爷庙成了县城城隍庙的下属分支机构，是城隍信仰文化向乡镇延伸的中介物。

　　每年正月十五日与八月十五日分别是谢、范二位老爷的生日，这两天将爷庙里燃起数十根如椽巨烛，把将爷庙烘托得一片通红，温暖了来自田间的清风，虔诚的信众们脸上泛着痴迷而狂喜的红光。

寻踪觅迹真庆观

真庆观主要供奉真武大帝,真武大帝也称玄武大帝、真武帝君、荡魔天尊,是道教尊奉的职掌北方天界的重要天神之一,与青龙、白虎、朱雀合称道教四方的神灵。

真庆观是韩阳城最重要的道教景观,也是福安道教文化的重镇,历来为官方祝厘之地。从明初洪武年间开始,到清代末年,一直是道教道会司的办公地点。历朝历代福安城内的罗天大醮都在真庆观中举行。罗天大醮是道教斋醮科仪中格局、含义、祭期最大,也是最隆重的醮典活动。根据现有资料可以见到,公元1775年即清乾隆四十年九月、公元1797年即嘉庆二年六月、公元1845年即道光二十五年七月、公元1861年即咸丰十一年十一月、公元1866年即同治五年七月等,都曾在这里举行过罗天大醮。

遗憾的是,相关资料中关于真庆观建筑历史的记载,都语焉不详,而道观内的法事活动,更很少提及。随着历史的变迁,真庆观的原址已经被现代社会的商业繁华完全覆盖。要查访真

◎ 清光绪《福安县志》韩阳十景——铜冠双松

庆观的踪迹，已经很难，只能在明清的地方志书与文人作品中寻觅到蛛丝马迹。

真庆观始建于宋淳祐年间（1241—1252），地址在韩阳城东门境，由知县林子勋建造。明代确立真庆观为祝厘道场后，县衙从废弃的寺田中拨出七石一斗田亩来赡养焚修道士。那时真庆观中出现了福建道教史上重要的道人张景真、章常渭等人，他们因为道术精湛，隶属于朝廷礼部的道录司，先后担任京城道官"玄义"之职。明万历《福安县志·仙释》中有张景真简传，叙述了他成长的过程。他是明代二十八都大留人，从小在真庆观入道，性格机敏，博览群书，能吟诗作文，很看重邑内文人雅士，与他们交往甚笃。明正德年间，他任福安道会司道会，因为其符箓灵应，赴京后被留在京城，拜为真人，又任道录司道官。后在流沙河建宫观净修，众多信徒从四方八方问道而来。据公元1817年，即清嘉庆二十二年的《清河西隐房张氏族谱》记载，张景真赴京后，于正德年间，族人张伯淳道士重修真庆观，那时真庆观的地址还在东门境为察院司的地方。公元1566年，即明嘉靖四十五年，福安知县李有朋放弃东门境旧地，将真庆观迁往韩阳城北面

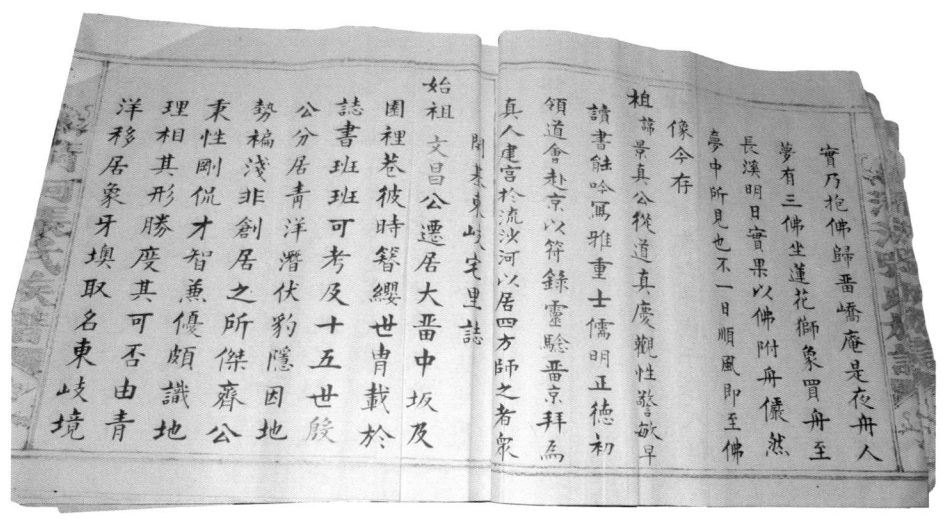

◎《清河西隐房张氏族谱》记载真庆观道士张景真

铜冠山与凤冈山两山之间的官地里,由道士赵存恕、詹昭麟同建。从公元1575年到公元1576年,即明万历三年至四年,福安知县、江苏无锡人鲍治重修了真庆观。此时,真庆观占地已达十七亩五分。

到了公元1671年,即清初康熙十年,道士刘铨建造了前殿以及两庑间。康熙十七年,道士郑应奎重修。公元1744年,即乾隆九年,道士吴正长新建后座及左右静室。乾隆年间福安文人陈从潮《韩川文集》卷四《某道士寿序》中记载,吴正长修真于真庆观,曾到龙虎山从张真人学道,他能诗文,喜欢与当地缙绅交游,有道骨仙风。文中提到真庆观的自然风光,即宫观位于县北铜冠、凤冈两山连绵之处,为扆山名胜。从道观俯瞰一城,林木荫翳,鸟声幽异,恍若仙居之异人世。陈从潮(1739—1818)字瀛士,号韩川,福安上杭人。公元1780年,即乾隆四十五年,他乡试第一,获解元。其古文名噪京师,为时人所重。但是,父母接连去世,相继作古丁忧,便无意功名,转而教书育人。于乾隆四十九年主讲紫阳书院,历经三十余载。有《韩川诗集》《韩川文集》行世。公元1783年,即乾隆四十八年,他参与了《福安县志》的编修,对福安文史有较深入的认知,他的言辞是可信的。光绪年间(1875—1908),吴道长的道孙、福安道会司道会连绍良等秉承其祖法师秘箓,在此修道。

根据《福安县志》记载,福安著名的道士羽流还有三人:其一为陀罗仙,名庄元。他每天诵读经文,都有数百只五色蜗牛齐集花木之上听经。他长期闭关绝食,以符咒给人治病,往往灵验。公元1172年,即南宋乾道八年,羽化成仙。其二为陈药山,宋代洋头井后人。此人有道术,能够行缩地符咒、驱雷、降雪。成仙后乡人建祠祭祀他。其三为李赤,明代洋头人。此人到龙虎山学道,得驱雷秘法。一旦乡间祈雨有求于他,便往往欣然前往,祷雨辄应。陀罗仙算是老一辈仙人,在福安没有建县之前已经升天。另两位仙人是否驻鹤真庆观,不得而知。

近代,福安全真道龙门派大多出自福安上十都道教圣地松涛洞。据社口镇《汾阳郡郭氏宗谱》民国残本记载:族人郭灿坤,乳名细妹,字金椿,号梅川,悟名圣庆。生于公元1888年,即光绪十四年二月初九子时。本人自幼持斋吃素，矢志念经，守成坚体，经承社口郭氏支祠喜舍地基，亲自筹资建筑松涛洞一所，守松堂一座，如仙阁一座，以遂其志。胞弟郭灿隆，步其后尘，弘扬道法，与兄同修于松涛洞，二人羽化后均进塔松涛洞。1930年，松涛洞龙门派弟子已达五十余人。但就总体而言，民国时期的福安道佛两教，脉象衰微，道士僧人人数较少，僧道合居于寺观的现象比较普遍。1928年11月，国民政府颁布了《神祠存废标准》，将三官、太上老君、关帝、城隍、文昌、龙王、土地等神祇都列为废弃之列，此政令遂使福安道教的元气更伤。

1941年，福州鼓山涌泉寺方丈、福安籍大和尚盛慧在福安弘法，有意重振丛林道风。在他的倡议与组织下，成立了中国佛教会福建分会福安支会。在他的动员下，松涛洞道人中多数人更易道门，归入佛教福安支会。建架于民国二十五年的社口长坪三清观二座，承佛教支会示，改名"三官

◎ 松涛洞松涛寺旧址

堂"，归为佛寺。这就是如今福安全真道龙门派道人数量较少的重要原因。

时至今日，全真道人是否曾经居住过真庆观，已经无人知道。有关真庆观的遗迹已荡然无存，近八百年来真庆观的人物与故事，已经很少流传，真庆观留驻人们记忆之中的仅仅是一个符号。现在，我们仅仅知道真庆观位于铜冠山、凤冈山之间，铜冠山麓是韩阳十景之一"铜冠双松"的景观地。我们还知道，如今福安韩阳城内有"观后岭"、"观后井"等地名，也可能与真庆观有关。

云聚云散缪仙峰

福建东北、浙江西南村民普遍奉祀的缪仙翁，实有其人。他名叫缪从龙，字云叟，号东皋，长溪县西溪（今福建宁德市寿宁县西浦村）人，诞生于公元1130年，即南宋建炎四年，羽化于公元1200年，即庆元六年。他在世时，西溪属长溪县平溪里，他成仙之后45年，西溪归福安县管辖。到了公元1455年，即明景泰六年，划出闽北政和县东北里与闽东福安县平溪里的部分都里版图，设置寿宁县，西溪即归属于寿宁县，延续至今。

闽东北海拔最高的山脉白云山，与缪从龙有着不解仙缘，其主峰名为"缪仙峰"，海拔1450.2米，人们登临峰顶"俯瞰城邑川海，如在宇下"。白云山有着独特的气候、绮丽的风光、丰富的矿藏，孕育了缪仙翁崇拜、"四万掘银人"（矿工）、太后公厅、晓阳神戏等令人叹为观止的文化景观。

平溪里缪仙传奇

缪从龙所在的长溪县平溪里十二都西溪村（今寿宁县西浦村），位于闽浙交界地河谷平原上，村中世代居住着缪姓族人，缪姓是寿宁县姓氏志中最早迁入县域的姓氏，从公元880年，即唐僖宗广明元年迁入算起，距今已有千余年历史。

今天的西浦村是寿宁县文化名村，有着独特的自然、人文景观。村口有两条气势恢宏的溪水，犹如巨型白练，一路缠绵，流过村庄。在村口一株千年香樟树旁，二溪合一，形成积水潭，人称"宫蟾潭"。潭西不远处有修建于公元1848年，即清道光二十八年的永安桥，桥的上游一侧离桥墩处各竖一根护墩石，人称"石将军"，与永安桥同时建筑的石木建构桥亭名曰

◎ 白云山主峰缪仙峰

"聚仙亭"。以聚仙亭为界有两条老街,往西是店门街,往东是桥头街。村里还有许多寺庙,有初建于元大德年间(1297—1307),重修于公元1870年,即清同治九年的太阴宫,祀女神。大殿主祀陈靖姑、林九娘、李三娘等三奶夫人,左神龛祀妈祖,右神龛祀马仙。与太阴宫隔溪相对的是三官殿,始建于清康熙年间,咸丰年间重修,后毁,1991年新修。沿着溪水而上是远近闻名的缪氏宗祠,又称"南阳祠",修建于公元1792年,即清乾隆五十七年。今人在南阳祠内塑造群体蜡像,演绎缪从龙寒窗苦读、高中进士的故事。

◎ 鹤仙道观中的缪仙坐像

据万历年间(1573—1620)《福安县志》记载,缪从龙的祖父缪昌道为公元1103年,即宋崇宁二年的文举特奏名,曾任龙溪县尉,晚年解带返乡住西溪村。其长子缪阶为缪从龙父亲,英年早逝。缪从龙便由赋闲在家的祖父与母亲陈慈抚育成人。从龙小时候沉默寡言,聪明好学,深得祖父的喜欢,时年73岁的昌道公曾聊以自慰地吟诗道:"解鸟归来林下客,有孙着意月中郎。"从龙自小胸怀抱负,日夜攻书,于公元1160年,即宋高宗绍兴三十年中庚辰科,梁克家榜进士。万历《福安县志》又说,缪从龙中进士后,赴任浙江省兰溪县尉。

浙江兰溪,历史悠久,于公元674年,即唐咸亨五年建县,位于浙江省中西部,金衢盆地北缘,地处衢江、金华江和兰江的交汇点,水陆交通

◎ 缪仙诞生地——平溪里西浦村

便利，是鱼米之乡，商埠重地，素有"三江之汇，七省通衢"之誉。从龙初任，志气高远，废寝忘食，热衷政事，颇有政绩，深得上司赏识，浙江巡抚徐公将女儿许配给他。从龙夫妻二人，相敬如宾，膝下有四子，其乐融融。但是，时运乖蹇，政局不稳，南宋初年，危机四伏。兰溪离南宋的首都临安（今杭州）不远，从龙对朝廷官僚歌舞升平、偏安江南、毫无作为之事，时有耳闻。又目睹政坛腐败，冤案迭现，连年兵燹，民不聊生。从龙愤激之下，毅然辞官，带着家眷，返回故乡西溪，过着耕织自给的布衣生活。晚年他云游四方，足迹遍及闽东北各地。

公元1193年，即南宋绍熙四年，年已63岁的缪从龙寻道平溪里白云山麓，他独舍资财，鼎力建设临云宫，自称"真人"，创设"太平教"。尊崇太上老君，祀奉南极仙翁和北极星君。借东汉太平道主要经典《太平经》话语，以阴阳五行解释治国之道，宣扬自食其力、散财就穷、天下太平的宗教理念。他兴教讲经，收训门徒，服食烧炼，健体延生，舍离现世，仙道圆成。闽东北诸多从教者,亦步亦趋,如影随形。缪从龙著有《六经解》、《春秋名臣》等书,并撰修《东鲁缪氏大宗谱》。现今,缪著都已散佚,只存有写于公元1168年,即宋乾道四年的《东鲁缪氏大宗谱序言》,刊载在民国十一年的重修谱内。农历六月初一为缪仙翁开道升天日,他生前身后,传道归真,完成了弘扬道法的宏图伟业。自宋末开始,缪仙翁神迹日益显灵,尤其是祈雨仪式中,更凸显缪仙翁法术的强势,人们便将白云山主峰命名为"缪仙峰",将临云宫改名"缪仙宫"。

在福安的缪仙宫大殿内,除了中间奉祀缪仙公外,还供奉何、阮二仙公于缪仙两侧。历史上的何、阮二公,本是普普通通的山里人,一朝天造的机缘,一夕地设的邂逅,使他们得山水之精气,集日月之光华,超凡脱俗,归真蓬莱。

何仙公,原名何明清,生活在明正德年间,宁德县十八都大坯村(今福建周宁县礼门乡)人。他本有一个很自在的三代之家,父何德福,妻林

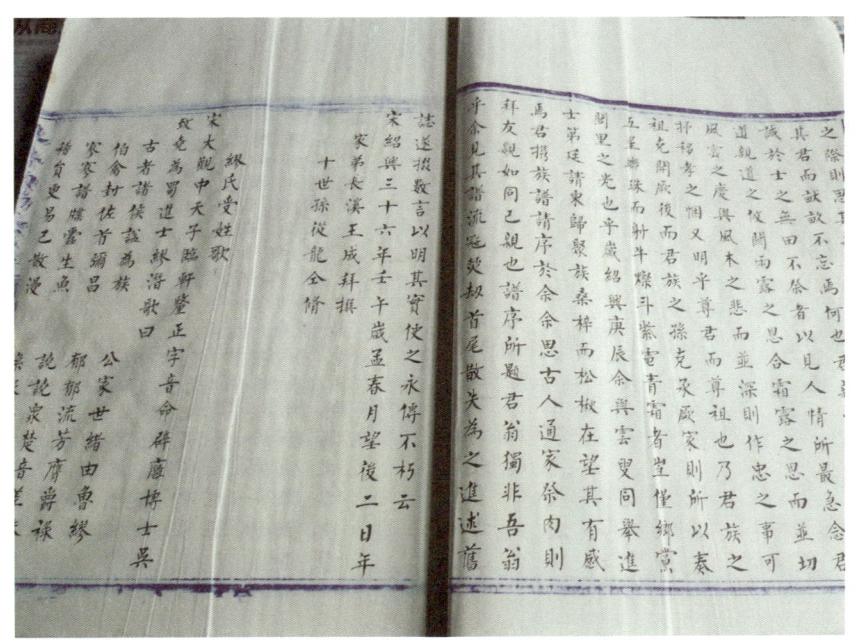

◎《缪氏宗谱》中的《东鲁缪氏大宗谱序言》

氏，二子，长平成，次平生。不知什么原因，夫妻感情一直不好，常常吵架。父亲好言相劝，不见效果。祸不单行，两个儿子相继夭折。他万念俱灰，孤立无援，39岁时，只身一人来到了白云山，在缪仙宫里静心修炼。后经缪仙翁度化成仙。他得道后时时显灵，为乡村百姓消灾解难。今天平溪里晓阳村何氏家族认为，何仙公是他们的先祖，并组织了30余人上白云山寻觅何仙公的遗迹，他们找到了与何仙公有关的石刻、雕像，也找到了他的墓地，族人在墓地建起了五层仙塔。

阮仙公，原名阮桂顺，生活在清末民初，福安县潭头缸岩村人，是一名猎户，未曾娶亲。一天，他在森林中行猎时，看到两个老翁因不慎踩死蚂蚁而痛哭失声。二老的行为深深触动了阮仙公，他当即发誓再也不打猎杀生，决心从善修行。在二老的指引下，他上了白云山，在缪仙峰下潜心修行，最终羽化成仙。后人将其骨殖安葬在阮仙公道塔内。

白云山上有七十二弟子峰相拥着缪仙峰，是大自然塑造的缪仙翁与七十二弟子的群像。缪仙翁升天后被玉皇大帝封为南极仙翁的值宫侍者，身边有众多童子。在这些童子中，他遴选了72名德隆心静、悟性高远的人，授以真经，收为门徒，并由他们管理白云山上的缪仙宫。每年六月初一缪仙翁升天日，缪仙宫里线香如萤，红烛如柱，幢幡盖地，帝钟惊天，庆贺斋醮，神圣庄严。届时，缪仙翁带领着他的72位弟子返回故里，为平溪里的乡亲祈福禳灾。

公元1882年，即清光绪八年的福安县穆阳《东鲁缪氏支谱》记载了迁居福安穆阳、并与寿宁西浦缪姓同宗的缪姓族人，他们在白云山大兴土木，架造寺观。《支谱》中言语凿凿，娓娓道来，称白云山四围峻岭崎岖，层峦叠嶂。春夏耸翠悦人，秋冬风草稀疏，塞北禽鸟罕到，固为"宸邑（福安别称）名胜要实，家族仙居祖地"。穆阳缪氏先祖曾依山建成宫庙3所。最下为云林宫，中为清月宫，最上为两泉宫。宫前有池塘，方圆亩许，内有自然莲根，日逢午刻，花开水面，至未时而枯萎。这些景观都与缪从龙有关，是在他的点化下，砌建其宫，池塘因名"白云天池"。族人又置田亩为焚修，并镌记石碑以铭记功德。旧建已毁，康熙年间重建。至乾隆年间，

又重修之。缪仙公遗体存放于白云山上,白云山遂为福安道教圣地。《支谱》又说,缪从龙"晚年好道修真,骨殖存天池庵右石匣"。缪仙峰下现存有公元1509年,即明正德四年己巳孟秋的《白云山石碑记》,置于白云山玉皇殿前天池边,字迹已漶漫不清,无法识读。但是,白云山缪仙翁信仰,却如同天池水中一圈套一圈的神奇涟漪,逐渐荡漾开来,弥漫了整个湖面,植根于越来越多的信众心中。

  关于缪从龙成仙的故事脍炙人口,但版本各异,相映成趣。其中也有类似于"王质烂柯"的传说,相传缪从龙上白云山砍柴,遇仙人围棋对局,从龙兴趣盎然,观棋忘归,于是随仙飘逝,得道成仙在白云山上。民间喜好用极其简洁浓缩的寓言体裁来诠释那些复杂而神秘的过程,而云雾缭绕的深山,往往会被人们设计为远离尘嚣、不问烦忧的仙居场景。人们通过从龙成仙的偶然性奇遇,来渲染对此岸浊世的冷漠和对彼岸净界的憧憬。

缪仙峰下掘银人

明崇祯年间（1628—1644）《福安县志》记载，白云山缪仙峰下有银矿，储量丰厚，是明代敕办的银矿开采场，俗称"银场"。白云山银矿脉延绵千里，包括十六都刘阳坑、七都上坪坑，以及延及明代中期属于寿宁县管辖的区域。为了挖掘银矿，明朝廷招募了大量的劳工，他们主要来自闽浙交界地的无业流民，有的地方称他们为"棚民"。在银矿业鼎盛时期，平溪里流传"三千挑粮客，四千掘银人"的俗语，意为数千人作为粮食输送队伍，为更多的银矿工做后勤服务。明万历年间《福安县志》记载，福安银矿的开发始于明英宗正统年间（1436—1449）。公元1492年，即弘治五年封禁，先后开采了五六十年。公元1508年，即正德三年复又开采，并课银税，经过了两年，因为"坑徒扰民"，又重新封穴，驻兵把守。明初，平溪里官台山又名寨宝尖，位于福安北部，山上有一黑风洞，洞外有方圆约300亩

◎ 缪仙峰下随处可见的银坑洞遗址一

的山间小盆地,其四周有银坑洞130余处,其中大宝坑银场是闽浙四大银场之一。官台山下又设课银之所,称为"东铺官司"。明永乐年间(1403—1424),朝廷又在平溪里十二都设采办银课之所,名为"局下官司"。平溪里民间流传着"太监府"、"拉屎坨"的地名。所谓"太监府"即指缪仙峰下银场由太监把守,太监在明代往往充当一个特殊而重要的角色,只要是皇帝在意的政治、经济舞台,都会见到他们的身影,他们是地地道道的王朝鹰犬。银场只要真正有太监插手,就足见其地理位置、矿藏价值的重要性。

◎ 缪仙峰下随处可见的银坑洞遗址二

当年,平溪里大宝坑银场也有沿用至今的"太监府"地名,据说当时由太监充当地方的"矿盐税吏"。所谓"拉屎坨"则是指即将要离开矿区的人员滞留在官方所框定的居住地,并强令他们必须在固定的时空内走动,不得擅自离开。他们吃喝拉撒都严格控制在一个专门的地方,只有将肚子里的秽物排泄干净、完全掏空方可离去,以防止他们将小银块吞入肚内带走。"拉屎坨"便因此得名。

由于银场是朝廷绝对控制的要地,进场的人员都在严密的监视下做工,没有自己行动的自由。同时,挖银是一个苦力活,劳作时间长,洞穴空间狭窄,安全措施差,工作条件艰苦,劳动力不是很强的人是无法胜任的。

同时，劳作是在严密的组织下有条不紊地进行，稍有不慎就可能酿成灾难性的后果。一般进入银场的人，都是肌肉发达、能吃苦耐劳的流浪汉，他们不必顾及家小，也没有多少牵挂。他们在极度恶劣、危险的境遇中生存，而且必须无条件地服从劳作的时间制度，在无形的压力下，他们都可能产生一种不满现状、抵抗厄运的潜意识。共同的生存方式，相类的遭际命运，很容易致使他们抱成一团，一旦出现叛逆的火星，便可能燃起熊熊烈焰。

公元1425年，即明洪熙元年，平溪里官台山黑风洞周围村民群起反抗增课银税。公元1449年，即明正统末年，福建沙县邓茂七农民起义的余部2000余人，于浙江泰顺罗阳村被浙江布政司孙原击溃后，在处州人郑怀茂的带领下奔袭官台山，他们在黑风洞周边安营扎寨，武装强行采银。清康熙版的《寿宁县志》也作记载："官台山有银坑数处，流民窃采，往往啸聚为盗，阻山依谷，不可制服。"公元1455年，即景泰六年，闽浙都御史刘广衡下达文书给福建按察副使沈公讷率兵征讨。战事平定后，刘、沈认为此处地势偏远险要，须设立国家行政机构进行有效治理，于是奏报皇帝置县以"靖后"。是年八月，景泰帝批准立县。因此，民国吕式斌《今县释名》一书认为，寿宁置县是为了歼平矿贼，取"安宁"之义。寿宁立县之后，继续开发大宝坑银矿，此时，驻守银矿的士兵有200名，军官是千户、百户各1名。30余年后，到了公元1489年，即弘治二年，留100名驻军把守。历时半个世纪之后，嘉靖年间，大宝坑银矿奉文封闭。公元1507年，即明正德二年，在寿宁县华盖山下设课银之所，由典史顾建英督建，名为"内场官司"。

平溪里除了有拥众数万的银场矿帮外，还有一批富有地方特色的武林高手，被乡人称为"晓阳快手"。万历年间《福安县志》评价他们是一身武艺，"轻生喜斗"，剑胆侠心。明正统年间，他们受官府收编，听调征以抵御山寇，维持社会治安。嘉靖己未倭祸时期，知县李尚德就曾想到平溪里搬兵，令"晓阳快手"出山解围，却因兵情危急、路途遥远而无法成行。后知县卢仲佃将他们编籍充当民差。

平溪里存在这样的两部分举足轻重的人群，即银场矿帮与晓阳快手。

◎ 缪仙峰上充满力量的榕树根系

他们是与福安其他乡里迥然不同的文化景观，他们的一举一动不仅对平溪里，乃至对福安县域都可能产生一定的震荡。其二者的相同之处是骁勇彪悍，都可能慷慨赴义。不同之处在于，前者主要是居无定所的盲流，银场的环境，将他们吃住劳作捆在一起，加之他们的内心无所拘束、无所顾忌，很容易被煽风点火而结帮起事。而后者是有固定住处的村民，虽受制于家族伦理的权威性，但较之一般的宗族成员，他们具有更大的自由度。他们平时各立门户，彼此关系比较松散，只有在一定条件下，他们会受某种利益，其中包括官府收编利益的驱使，并为其所用。官府对于二者都有防范之心，但相对而言，在官府眼中，银场矿帮更难以掌控。因此，一旦矿徒扰民，官府就采取封闭矿场、驱赶人群的无奈之举、极端措施，以避免事态的进一步恶化。

由于这两帮人都居住在白云山脉缪仙峰下，所以，对于缪仙宫里的缪仙信仰不会充耳不闻。而每年求雨祈晴，缪仙翁的显灵神迹，也都有目共

睹。生性好巫的南方人，不分贵贱，不论职业，对于民间的各类神灵，或多或少都心存敬畏。平溪里缪仙翁的灵异故事，众说纷纭，在银场矿帮与晓阳快手中也时有传闻。

早先缪仙峰下所存的银矿，人们并不知底，银矿的发现缘起于一个看牛弟（放牛娃）。他是无依无靠的孤儿，每天起早贪黑，为财主家放牛。一天他将牛赶到了白云山林地里，突然一阵狂风，牛不知去向。他循着牛的脚印，一步步走进了密林，天越来越黑了，仍不见耕牛踪影。他担惊受怕，大哭起来。突然眼前有一位老者，手拄长杖，肩背药篓，鹤发童颜，精神矍铄。看牛弟向老者诉说情由，老者热心相助，最终寻得了迷失的耕牛。从此，采药老者与放牛小弟结成了忘年交。一晃三载，老者见小弟已成了年轻后生，就想帮助他独立生活，撑起一个小家。他告诉小弟一个惊天的秘密，说白云山脉有一处牛眠地，从牛角处开挖，便可以找到银块，但不能挖太多，能过一个好日子就适可而止。小弟遵照老者之言，果然觅得藏银之地。从此他辞去东家，淘银度日，财富越积越多，遂成了名噪一方的大富豪。他索性在牛眠地前盖起了连片庄园，并雇用了大批劳力日夜挖银，从牛角处挖到了牛腹部，越挖越多，白银堆积如山还不肯罢手。而且他致富忘本，日渐贪婪，嗜财如命，一点财物也不肯施舍穷人。一天，雇工们照常进洞挖银，小弟放心不下，跟进洞里，见到洞内那沉甸甸的银子，心中陶醉，忘乎所以，当年老翁的忠告早已沉入忘川。当雇工挖银正酣，突然一声巨响，所有的人都葬身洞内。接着山崩地裂，小弟多年经营的庄园也随之埋没。三年过后，岁月抹去了所有的痕迹，只有邻近的村民在夜深人静时，还能隐约听到大山腹地里传出的叮叮当当的挖银声。消息传到了县衙，县令请来地理先生，诊出银脉，上报朝廷，获准开矿，从此缪仙峰下出现了银场。这是一个蕴含"贪财舍命"主题的东方古老寓言，人们解读后说，那个善良的老者便是缪仙翁。故事的寓意，是仙人看走了眼，不该帮助看牛弟；抑或看牛弟人格裂变，无法挣脱人性的弱点。银场矿帮与晓阳快手应该知道，银场的由来似乎与缪仙翁有关。故事告诫人们：一个人所获取的财富是有限定的，一旦欲望无度，便酿灭顶之灾。

  银场矿帮与晓阳快手虽生活在社会底层，但是依靠自身群体力量，形成一种非主流的社会强势团体。他们凭特殊环境、特殊身份、特殊性格、特殊话语，组合成了特殊人群。在某个特定的场合，他们会对社会神经有一定的触动。他们靠自身的权力，还可能不时地制造更新、更大的影响力，势必影响更多、更远的人群。特别是银场矿帮，他们来自于闽浙各地，籍贯多元，身份复杂，他们不仅可能是缪仙翁崇拜的信仰圈与祭祀圈，而且还可能是缪仙翁信仰的传播源与信息流。在福安立县八百余年、长溪置县千余年的历史中，名盛一时的仙真道人何止一人，而为什么唯独缪仙翁能流芳百世，成为福安唯一的地方性神仙，并在闽浙两省信众如云？究其原因，其与平溪里特定的社会环境有关，尤其可能与银场矿帮和晓阳快手有意或无意的推力有关。

水云仙府福安道观

白云山水缪仙魂

　　2009年12月28日，国务院公布第七批国家级风景名胜区名单，福安白云山名列其中。2010年10月9日，在希腊莱斯沃斯岛召开了世界地质公园评审大会，宁德地质公园入选。宁德地质公园包括屏南白水洋、福鼎太姥山与福安白云山。白云山先后两度得到权威论证，终获殊荣，前者是现实评判，后者是历史诠释。时空际会，形神兼容，白云山水的生命被时代

◎ 缪仙峰上的神光

云聚云散缪仙峰

◎ 缪仙峰下的道观

激活了。连绵数百里的大自然经典之作，卷帙浩繁，由五部华彩篇章组成，包括缪仙峰景区、九龙洞景区、黄兰峡景区、金钟山景区和龙亭峡景区。

缪仙峰景区，位于白云山主景区缪仙峰下，内有佛光、云海、天池、午时莲、观音崖、接仙台、杜鹃花海、古火山遗迹等自然景观。

九龙洞景区位于白云山西侧，从平溪里南溪村的三溪汇集处九龙湖发端，经蟾溪，归入龙亭溪峡谷，在长达15多公里的溪段上分布着成百数千口奇形怪状、大小各异的壶穴，壶穴遍布在河床基岩、阶地、岸壁。大自然的杰作引起了科学工作者的猜想，此为冰川运动还是水流侵蚀的争论还在继续，判断莫衷一是。

黄兰峡景区，位于白云山东麓，因黄兰溪碧水蓄积而成，内有潭潭相连，水水相连，山光水色，相映成趣，有黄兰湖、归天潭、月牙潭、白石潭、落英潭、印案潭、长潭三白、百丈漈等流水神构。

金钟山景区位于白云山西侧，因有一巨型山体，形如覆钟而名。经水流千年雕琢，山体褶皱形如老者髯须，遒劲康健，威武雄奇。内有金钟山、

87

石臼群、石渡船、三重漈、叠石瀑、母子瀑、连环潭、梅花潭等山水景致。

龙亭峡景区，位于白云山西侧，一泓清溪蜿蜒其间，水道弯曲，跌宕起伏，或溪、或涧、或滩、或潭，为漂流佳胜。河床、两壁皆为青石铺陈，造物主千万年的精雕细刻，玉成惟妙惟肖的石臼群像，有玉珠瀑、披麻石、青蛙问天、群象汲水、乡愁岩、承露盘、脚印臼、猫眼臼、陨石臼、玉如意、储罐臼、桃心臼、葫芦臼等天精地髓。

白云山水时时可感应缪仙的灵气，处处可寻觅缪仙的踪迹。且不说缪仙峰顶上的仙人棋盘和七十二弟子峰，光是缪仙峰上的神光就令人啧啧称奇，浮想联翩。神光是太阳光与云雾共生的杰作，因为在峨眉山经常出现，故亦名峨眉光。白云山缪仙峰顶也是生成神光的理想之地，人们认为无论如何那都是缪仙的显灵，那横空出世的与其说是神光毋宁说是仙象，是缪仙与其弟子在巡游白云山。每年农历六月是缪仙峰上神光显圣的最佳月份，这个月初一是缪仙诞辰日。农历八九月子夜，在缪仙峰下的缪仙宫前，还会出现毫光四射的神光奇观，有人认为，那是缪仙这位大罗长者在夜访白云山。

◎ 道观前的白云天池午时莲

　　白云山水处处附着的缪仙故事，就像是阳光空气一样，不可或缺，令人浮想联翩。其中九龙归洞的故事曲折深幽，并引发出白云山缪仙宫独特的祈雨方式。一处神奇的景观，一个古老的故事，相辅相生，妙趣无穷。白云山西侧的九龙洞前有九条溪、九口潭，曾自由自在地盘旋着九尾凶残古怪的蛟龙。有时，它们张牙舞爪，兴风作浪，一路狂潮，一路施虐，涌浪踏平悬崖峭

◎ 白云山九龙洞

壁，直逼二十八都甘棠洋。有时，它们酣睡不醒，岿然不动，任凭阳光透射龙宫，暴晒龙鳞，龙洞里的潺潺水声成了催眠曲，习习凉风成了调温器，对民间无休止的毒日亢旱，它们无动于衷。九龙的诡异行为惊动了天庭，玉皇大帝便降旨，收九龙为四海龙王的将官，好让它们干一点正事，别恣意妄为。可是，九龙不动声色，根本不买玉皇的账，照样我行我素，一意孤行，并将玉帝的敕封诏书挂在洞口，以标榜自己的胆大妄为与有恃无恐。玉皇大帝见绥靖政策行不通，便想发兵征讨。此举遭到九天玄女的极力反对，九天玄女举荐缪仙招降九龙，玉皇大帝却认为，缪仙初入仙班，未经劫数，只恐不是九龙的对手。缪仙胸有成竹地说：老道仅凭一本老子的《道德经》就足够了。他与九龙斗智斗勇，并根据九龙不同的嗜好与弱点，即"喜色"、"贪财"、"好酒"、"使气"、"恋功"、"夺名"、"嗜赌"、"争

炉"、"空忙"等特性,设定计谋,一步步引君入瓮,将九龙引入神仙洞府,分别镇锁住它们,刹住了它们的淫威,掌控了它们的欲望。缪仙根据上述近似于人性中的九宗罪,分别命名九龙,令它们闭洞思过。被困在九龙洞里的九龙,只好乖乖听从缪仙的驱使,改邪归正,造福万民。

黄兰溪边"猴酿酒"的故事,幽默诙谐,百谈不厌,时议时新。黄兰溪、黄兰湖处处云蒸霞蔚,恍如仙境。人们以为,溪边湖畔,常常会有八仙嬉笑其间。八仙始终存在着天上人间逍遥游的秉性,喜好游戏玩耍,游历冒险。平时总是八人结伴,上天入地,云里雾里,走南闯北,玩遍九州。它们对被南极仙翁擢升为镇殿山尊的缪仙,很是好奇,不知缪仙有何法术,白云山上有何宝物,为什么每年蟠桃会上,缪仙都会匠心独运,给王母娘娘敬献特别的礼品,讨她老人家欢心。为了探得缘由,八仙来到了白云山寻找答案。他们走了两天两夜仍不见宝物踪迹,正在秀女峰长吁短叹休憩

◎ 白云山石臼群

时，忽闻一阵山猴啼叫声，循声望去，只见一群山猴正围坐一团，又唱又跳，好不快活。爱看热闹、常存好奇心的八仙，哪会清闲，他们急忙凑上前去看个究竟。猴子见到仙人四处奔跑，留下一坛红中泛绿的水酒，水酒香气飘传千里。八仙争先恐后，都想尝上一口。忽听一声"且慢"，他们都停了下来。只见一位庄稼汉走来，说此酒的火候还差一天一夜的时辰，到时候更是香醇。白云山美酒是缪仙翁指使猴子们酿造的，不知道里面添加了什么果子，施加了什么法术。八仙恍然大悟，原来缪仙敬献的宝物就是这个。总算找到了答案，八仙好不高兴，便守在酒前，等着时辰的到来。时辰一到，八仙迫不及待掀开盖子，酒香扑鼻，他们都争先恐后亲尝了一口，不料一口美酒下肚便烂醉如泥，仰翻在地，三天三夜都无法醒来，那蟠桃会的天鼓阵阵，仙乐声声，他们全然不觉。等到他们醒来，早已错过机会了，八仙们好不后悔。

总之，缪仙峰下，一山一水窥仙界，一草一木栖神明，钟灵毓秀的白云山水永远萦绕着上界缪公的仙魂。白云山水与缪仙传奇，共生共存，相辅相成，如梦如幻，如诉如歌。真可谓白云山水逍遥游，缪仙传奇说不尽。

水云仙府福安道观

缪仙信仰民俗风

福安境内修建的缪仙宫很多,最著名的是白云山缪仙峰下的白云观与穆阳镇狮子岩上的栖真堂,后者为前者下院,两处丛林仙府都是由全真龙门派道人住持。

白云观由当年临云宫重修而成,前殿主祀三清教主,配祀三官大帝,后殿是缪仙公宝殿,主祀缪仙公,配祀何、阮二仙公。在白云观附近有缪仙、何仙与阮仙的仙函或道塔,加之缪仙公殿神座前的一口祈雨井,都是缪仙峰下的仙迹,至今保存完好。人们说,这口井平时不见一滴水珠,但却可以通往白云山的九龙洞。一旦遇到祈雨斋醮日,只要道士们在缪仙公

◎ 缪仙峰白云观斋醮科仪

宝殿斋坛施法，对着井口，点燃符箓，井里便涌出一勺永远舀不干的清水。此刻，便感知到缪仙已经显灵，他正调遣困在九龙洞府的九龙，急速行云降雨。缪仙言出法随，九龙唯命是从，不敢怠慢，随之大地普受甘霖。

  如今，白云观由道教全真龙门派道士住持，这里已经没有了祈雨仪式。但是，每年六月初一缪仙翁的升天之日，白云观都循例举行隆重的斋醮科仪。科仪过程异常繁复，往往要通过建坛、诵经、拜忏、踏斗、掐诀、上祝香咒、上威灵咒、宣表、表白、念诰、焚表、退班等程序。道士们是醮坛执事，所有的过程都由他们来操作完成。六月初一，也是白云山传统的游山节，前一天缪仙峰顶便汇集了成千上万的人群。他们在山顶露营，翘首以待，观看云海升红日，等候神奇"佛光"的突现。同时，人们又到白云观争敬凌晨的第一炉香火，祈盼一年全家的平安、康健与幸福。这天，白云山下畲族村落的初夏歌会会迎来闽浙各地的青年男女。他们畲歌盘答，尽欢一日，入夜，则散宿山间各畲族村寨。因为人多，缺乏寝具，他们便把通宵达旦的盘歌称为"搭歌铺"。

  狮子岩上的栖真堂，是以穆阳镇缪姓族人为主修建的。宫观建于民国末年，经风雨飘摇，已破败不堪。2000年，缪姓族人发起重修，新砌成的140余级石阶直通新落成的宫观，大殿主祀缪仙，内有软身缪仙翁轿辇，称为"香亭"，是专用以元宵节赴白云山祈请缪仙的。大殿东侧是圆通庙，西侧为齐天大圣宫，后殿祭祀南极仙翁与北极仙君。每逢元宵节前夕，缪姓族人都会捧着香炉，抬着香亭到白云山缪仙公宝殿分香，请回缪仙真身。抬香亭、香炉的角色，不是随意派出的，都是经过投掷筊杯，严格筛选，并经缪仙获准的玄门信士。正月十五，分得香火，请到缪仙，庄严神圣的香亭、香炉在神铳震山、鸣锣开道的神圣仪式中，由众香客们簇拥着，送进了栖真堂。如今，上白云山的信众日益庞大，一般都要动用五六十部小车，往白云观迎请缪仙。随之，信众们抬起栖真堂香炉，在神铳、鞭炮与锣鼓声中，巡游穆阳镇街头，所到之处，热闹非凡。这时，位于穆阳街头的缪氏总祠敞开大门，恭迎香炉入祠，各支祠缪姓宗亲们都会聚在一起，共享缪仙带给族亲们的福祉与好运。这一天成了穆阳街道传统的集市贸易日，附近山乡的村民挑着山货齐聚街头，既吆喝买卖，又争睹游神盛举。八月十五日缪仙翁华诞日，栖真堂举行一昼夜的庆贺科仪，届时高功击鼓，羽众上殿。修斋建醮，恭对瑶坛。默运真香，以诵圣诞。九月九日，信众们登高上山，到栖真堂后殿，祭祀南极仙翁与北极仙君，以祈求健康长寿，四时吉祥。

平溪里乡镇有一种特制的食品，人称"馅糕"，又称"缪仙糕"。当年，缪公子在西溪村埋头苦读时，经常废寝忘食，通宵达旦。在旁陪读的母亲陈慈心疼儿子，总会亲自下厨，把香甜可口的饭菜送到书房。可是，缪公子只顾读书，经常忘了吃饭。其母生怕饭菜凉了，总将饭菜热了又热，一次又一次端到书房，可是缪公子还是时时忘了进餐。看到儿子一天天消瘦下去，母亲心里特别难过。她费时多日，终于想出了一种适合儿子的食品。她先把米浸泡在水里，两三个小时后，将米磨成黏稠的米浆，再以勺子舀出少许米浆，均匀地平摊在蒸笼里，待米浆蒸熟后剥离下来，把预先炒好的菜肴、肉末等作为馅儿填入，并卷成筒状。这种即食食品很对缪公子的胃口，他吃起来省时又方便。这种特制的食品就叫"馅糕"，人们为了怀念

◎ 狮子岩上栖真堂

◎ 正月穆阳缪仙信众游神队伍

缪仙，也称之为"缪仙糕"。蒸"馅糕"的技艺一直流传至今，闽东北、浙西南的许多乡村都存在这种食俗。逢年过节，迎亲访友，人们都把这种食品作为"手信"招待亲朋好友。乡镇的小摊贩，也动起脑筋，蒸出烫手可口的"缪仙糕"，摆摊设点，招揽过客行人。

亦道亦佛五显殿

清乾隆《福宁府志》说："江南无处不信五显。"五显神灵遍及福安城乡，崇信之风炽烈。五显进入道教神祇时，五圣成了一圣，姓马。其与赵元帅（武财神赵公明，又名赵玄坛）、温元帅（温琼，东岳大帝部将）、关元帅（关羽）并列，为道教护法四圣，马元帅为四圣之首。

佛陀对五显也十分青睐，佛家将五显命名"五显华光帝"。五显与关帝一样，被奉为佛教护法神。当今近二百座福安寺院庵堂中，几乎都将五显华光请进伽蓝殿，司伽蓝神一职。

这样，亦道亦佛的五显华光，大悲大愿，大圣大威，玄释两栖，分身有术，既护持道家三宝（道、经、师），又兼顾佛家三宝（佛、法、僧）。在道佛二教信众的心目中，都是值得信任与依赖，极具亲和力、感召力与震撼力的世俗神灵。

神头佛尾五显帝

　　五显信仰历史悠久，其演变过程曲折、复杂，初始源于江南民间的五通鬼信仰。中国南方山重水复，地湿多瘴，易发灾病，人们多归咎于"五通鬼"作祟。五通鬼在闽中称为"木下三郎"或"木客"。处置它们需软硬兼施，除了延请巫师术士设醮祛除外，还设庙祭祀，献媚行贿，尊之为"五通神"。人们发现似乎后者更为有效，便将五通神继续进行世俗化、精致化、神圣化的升格。到了唐光启年间（885—888），五通神演变成了降临在徽州婺源的"五显神"。从南宋大观年间（1107—1110）开始，五显庙即

◎ 五显帝

被朝廷敕额"灵顺",宣和年间(1119—1125)始,朝廷二字敕封五显神,经过历代加封,到了淳祐年间(1241—1252)已叠加到八字敕封。此间福安设县,万历《福安县志》详细记载了萧姓五显神灵组合的封号。

五显信仰在福安广泛传播的过程中,民间道教闾山教门之"梨园教"起了很重要的作用。梨园教,又称"尪师傀儡"。尪师指从事闾山教门活动的道士,其中一部分

◎ 白衣舍投

人专以提演傀儡的形式来操作闾山教仪,这便是"尪师傀儡"。宋元时期,福安盛行的傀儡戏,即由当地梨园教尪师充当主角,施行法术,为乡村家族禳灾祈福或单个家庭驱鬼除煞。

早年,福安民间话语中,"神戏"与"人戏"是有区别的,"神戏"指福安梨园教表演的提线木偶戏,是专用于辅助梨园教道坛行法或村庙谢神、酬神、娱神的艺术表现形式。而"人戏"指戏班演员们化妆上台的杂剧演出。到了明清以后,大村巨族讲究排场,往往以戏班来表演神戏。此时,"神戏"与"人戏"的概念才有一定的重合。当年的戏班多为业余,即乡村农户自演自观。明万历《福安县志》记载了福安的民间谚语"无钱扮戏,

◎ 大舍投华光帝

何暇纳粮",其意思是没有成本化妆演戏,哪有空闲缴纳田赋税粮。可见,演戏看戏在福安民间多么狂热,在老百姓心目中占有多大的位置。为了看戏曲、演杂剧,可以把完粮纳税的国之大事置于脑后。《福安县志》还说,当年村落之间、宗族之间,因戏场之事而相互争强斗胜的现象时有发生。

在福安梨园道坛中,除了敷演道法科仪外,还有提线木偶的特别演出,以辅助道场,增进法力。其演出的剧目主要有6种,俗称"抽六洞",即指以"六洞"为传奇背景,表现与道教神祇有关的6个故事。其中包括:"芙蓉洞",演五显帝的出身及下酆都救母的传奇故事;"临水洞",演陈靖姑闾山学法及为民收妖祈雨的传奇故事;"南朝洞",演包公下阴间捉鬼收魂的传奇故事;"水国洞",演妈祖降妖救民平风浪的传奇故事;"紫金洞",演紫金山五龙改邪归正的传奇故事;"黄碧洞",演黄蘗山蛇妖九使父子修道及收妖保国的传奇故事。在以上"抽六洞"剧目中,以"芙蓉洞"、"临水洞"两出戏最为重要,而"芙蓉洞"之五显戏位居第一。戏曲的宣传鼓动效果是巨大而明显的,随着梨园教在福安乡村的普及,五显信仰也延展了它的信仰圈与祭祀圈。

与此同时,五显大帝为民救苦救难的灵应事象时有发生。差不多就在五显神灵出现于徽州府婺源县的唐光启年间,福安北部晓阳谢氏宗族始祖随闽王王审知军队入闽,途中遇险就曾得到五显神灵的襄助。此事后文将会详叙。

民国《甘棠堡琐志》载:五显灵官大帝,威灵特异,甘棠堡内的老百姓,凡问卜休咎祸福者,都有求必应。明代嘉

◎ 闾山派傀儡戏

靖倭乱,甘棠堡被毁,人无托迹之区,地无栖神之所。只有五显神灵显赫,色相现身,化草为卒,倭贼自惊惶而退却。公元1763年,即清乾隆二十八年,八月秋禾枯槁。初八日祈求五显灵官,即日大雨滂沱,至十四夜,池足塘满。是年丰登。

1919年正月二十八日,有土匪千余众犯境,薄暮间侵入中街,正遇五显神威。忽然间,土匪之硝药走火,飞焰腾空。前驱致死者七八人,后队负伤者,二十余众。风声鹤唳,草木皆兵。匪首丧胆而退避外塘崇安宫。乡人求之五显,他灵乩降笔,咏道:"莲内炎炎此显聪,音腾大地散虚空。李陵误入太后国,高看云头望北军。"降乩者引用了《铁板(版)神数》中

"李陵误入太后国，高筑云台丰溪忧"的典故，增加了五显的灵异与应验。

神灵的威力，信众的影响，确立了五显的"神头"地位。在民间闾山教正坛神供奉十位神灵，分为十个等级，包括第一神五显帝、第二神九天烽火院田都元帅、第三神齐天大圣、第四神临水夫人陈靖姑、第五神妈祖、第六神玉圣后皇、第七神列位侯王、第八神马仙、第九神太姥娘娘、第十神杨九师公。以上牌位可见五显帝显赫的首座地位。

"五显"演变为"华光"，并奉为佛家神灵的过程，曲折动人。佛教中的华光本与五显没有关系。华光原为如来佛祖的十大弟子中之第一弟子舍利弗，又称作"舍利子"。他聪颖过人，如同是佛口中的莲花化生，被称为"智慧第一"，常常授予问答般若波罗蜜中的奥义。他奉行正法，具足菩萨所行之道，当得作佛。据《法华经》的记载，舍利弗当于未来作佛，号"华光如来"。中国民间俗信将舍利弗的灵山身世进行中国化、儒家化、道家化的神奇变奏，以"五行"、"五通"、"五显"的理念为基本音符，奉"目连救母"式的孝行为主旋律，弹奏了一曲汉传佛教的玄妙梵音《华光传》。与闾山派关系密切的佛教密宗瑜伽派便匠心独运，精巧构思，将华光神融入了瑜伽派神系。瑜伽派不仅大胆地将巫师道法的科仪、法器等纳入法事之中，在瑜伽神系中还囊括了许多亦佛亦道、色彩斑斓的诸山神灵，如"龙树医生"、"香山、雪山二大圣"、"雄威、华光二大圣"，以及"虎伽罗、马伽罗"等等，其中"华光大圣"便是闾山道坛供奉的"五显灵官大帝"。通过密宗瑜伽派的重度"炒作"，五显帝华光便自然而然地被佛教徒作为"佛尾"而步入了招提兰若之山门，以护法神的身份，置身于伽蓝殿。

通过从"神头"至"佛尾"的链接，人们完成了五显华光大帝玄释两栖的造神经历。在清代，五显不仅受闽东福宁府诸多佛寺道观的膜拜，而且在福建首府福州的佛道丛林中也占有一席之地。福州还有与五显信仰有一定联系的五帝信仰，二者均以五通鬼为源头，但却朝着相反的两极发展，五显是沿着善的路径，而五帝则向着恶的路标，五显演变成了贯通道佛的护法正神，而五帝主要局限在福州十邑，仅是民间令人敬畏的地方瘟神。

晓阳神戏透天光

福安北部平溪里下十都晓阳村世代承袭着与五显帝华光信仰相关的神戏演出，这是一种比较典型的道佛信仰民俗活动，也是福安可以传世千年的乡村文化景观。

晓阳神戏缘于前一节谈到的晓阳谢氏始祖初七公的历史故事。初七公于唐光启年间随王审知入闽，跋涉遭险。在危路之际，向天祈祷，祈望能得到五显灵神的当途庇护。并发誓言：如能解厄，即是神恩，安居宁处，演戏以酬。果然云破天空，初七公得脱祸患，保全无虞。之后，初七公卜地建屋，肇基晓阳。闽王为初七公敕建坊表，屹立于村中。谢氏祠庙貌显，始祖宝像俨然。初七公兑现诺言，建起功德寺，供华光大帝于大雄宝殿须弥座左侧。并定每年逢六月演戏，以敬神娱祖。由村内十、九、八等三甲设立苗田，以充戏资，称为"戏头田"。并定族规，各甲苗田递年出资演戏，奉神尊祖两全其美，不许间断。初七公虑及儿孙贫富不齐，特设三甲田亩，以公摊戏资，宜世守之。

据清乾隆《陈留郡晓阳谢氏族谱·陈留郡谢氏六月演戏序引》记载，乾隆初年，苗田被族人弃卖，以致戏失十余载，无法实现敬神尊祖的愿望。公元1775年，即乾隆四十年后，族人将苗田陆续赎回，补全戏头田，复兴前规。祠堂要求，后代子孙不可再发生败家欺祖之事。族谱详细载明了村内三甲戏头田所处位置，受种亩数。大致是每甲苗田所获可以付给二场神戏之资。另又记载了三甲设立用于祭神的苗田，称"神头田"，专用于祭祀包括五显帝在内的家族神灵的需要。

时光流逝，我们已经无法再现封建时代那年复一年的晓阳神戏，我们仅能以今天的晓阳神戏来想象当年的盛景。今天的晓阳神戏稳定而隆重，神圣而狂喜。神戏始于六月初一止于六月初六,每天选二本剧目,不可重复。最后一天是连台戏,从晚上一直演到次日凌晨,这就衍生成远近闻名的福安民间谚语"晓阳神戏透天光"。

今日的晓阳神戏,不是由三甲设置的"戏头田"轮值出资,而是由村落各村民小组负责组织。神戏在晓阳村中的太后公厅举行,太后公厅建于公元1234年,即宋端平元年,是省级文物保护单位。

六月初夏,白云山下晓阳村凉风习习,气候宜人。开戏之前,距离太后公厅不远处的五显华光宝殿红烛高烧、炉香缭绕,村庙总理代表晓阳四境村民给五显帝敬香,恭请他腾云驾雾君临凡间,与民同乐。在正戏开演之前,神戏必演《八仙祝寿》、《跳加冠》与《打财神》等三折短戏,当地人称"戏出"。《八仙祝寿》是8个演员在锣鼓声中,以道教八仙扮相依次登台,礼拜八方。随之,3个演员扮成王母娘娘与金童玉女登台,八仙给王母娘娘拜寿,金童玉女则给八仙上酒,以作酬谢。舞台上是灯红酒绿、仙气缥缈。《跳加冠》是滑稽戏,一位丑角演员头戴面具,扮成禄星,扭动身姿,动作滑稽,不时引起台下哄笑。他插科打诨片刻,便从袍袖中抖出绣有"加官晋爵"四字的条幅,祝愿五显信众官运亨通。《打财神》则是扮成财神的演员出场,载歌载舞,不时将纸质金元宝扔向台下。三出戏段之后,村落戏头(董事)给戏班发放红包。

"戏出"演罢,太后公厅神戏正剧登台。台上优孟衣冠,生旦净末,丝声肉调,交相和鸣;台下蒲扇清风,老少妇孺,济济一堂,轻松欢快。晓阳神戏都是古装闽剧,从剧目内容来看主要有五类,包括忠孝节义伦理戏、精忠报国忠良戏、解民倒悬清官戏、因果报应宗教戏、男欢女爱缘情戏。而戏曲均以大团圆的喜剧"煞台"(结局)。

宋元时期的晓阳神戏是由闾山梨园教傀儡班表演的傀儡戏,每年六月初一,戏头请来的傀儡班开演神戏。神戏既是娱乐性的戏曲表演,也是祭祀性的仪式演示,晓阳神戏始终处于一种仪中演戏,戏中演仪,戏即是仪,既戏既仪的状态。在神戏中,必有一本演绎五显帝生平的戏曲,即《华光传》。演出《华光传》,既取悦五显本神,又告诫村民感恩,既隆重,又神秘。在傀儡戏开演之前，还得由傀儡师布置"众圣神坛"，即"六洞神"神坛。"六洞神"中包括五显华光帝。还布置"三界坛"，即叠神案三层，以比喻"三界"。此为梨园教内坛。在上界天神中，包括玉皇大帝、星辰教主龙树、吉祥教主观音；中界地神中，包括三元三官大帝、真武大帝、华光大帝；下界人神中，包括临水三夫人，以及王、杨二将。在内坛上方悬挂神符、神榜、神联，对联上书"大德大生慈大化，真心真性炼真丹"，横额书"芙蓉胜境"或"婺源宫中"，表明专祀华光神祇。

根据民间传说，当年晓阳神戏尽是提线木偶，要演36天，冗长乏味。后来，乡间有了人戏，就改演人戏。人戏虽然好看，但连演36天，戏班没有这么多剧目，只好炒隔夜饭，重复表演。村里三甲戏头们商量，将演出时间改为六日六夜，因为"六六"暗合三十六。他们卜告神明，五显帝恩准。从此，以六日六夜代替三十六日，晓阳神戏时间就演六个"透天光"。根据乾隆《陈留郡晓阳谢氏族谱·陈留郡谢氏六月演戏序引》的记载，神戏

◎ 晓阳神戏

六天六台，村落三甲各负责二台，由各甲"戏头田"出资支付。现今经过浓缩，"透天光"的神戏只局限在最后一天。

晓阳神戏的故事颇多，略举一二。早年每届的晓阳神戏，都得选定吉日往江西省禄水回龙洞请五显长生大帝真身来看戏。村里由戏头带队出发，请神人马日夜兼程，一路放神铳、打锣鼓、提香火篮。有一年，晓阳人在请神归来途中，遭连日暴雨，溪水陡涨，江涛汹涌，无法搭渡，如果拖长行期，神戏便无法按时开演。请神人等，只好暂宿河边客栈，等待晴天。戏头心急如火，夜不能寐。他默念祷词请五显帝帮助，冥冥之中，戏头见到了五显大帝，大帝遥指前方道："看到了吗？你的面前就是白云山，走云赢走船，你们驾云回家吧。"大帝召来神将引路，口念咒语，顿时云雾升腾，狂风呼呼，戏头只见云涌，不见路面。次日凌晨，请神群体睡醒，惊讶不已，自己已回到了白云山下。从此，民间留下了"走云赢走船"的俚语。

还有一次，请神队伍从江西回来，一路风尘，路过闽北浦城县时，突然间香火篮的香火全熄了。香火篮熄火，神明动怒。戏头们很是慌张，以为自己不诚心，惹神明生气，唯一的补救方法就是重往江西再请。粮钱是预先算好的，如果再一次来回，就不够开支。戏头们商量，就算把衣当卖尽，也要回请恩神。那天夜里，戏头梦遇一位白发老人，老人说："你们晓阳人年年不远千里到江西请我看戏，够诚心了。今天香火篮香火熄灭，不是我不高兴，而是我试探你们的诚心，果得应验。你们回去吧，从今往后就不用到江西请我了。只要在开戏前，村头听锣响，村尾听猪叫，我就会自己来。从六月初一到十五，我有空闲，十五以后我就忙仙务了。"从这一年起，晓阳神戏开演就不用带队到江西请神了。只要戏班一到，戏头就拿铜锣从村头敲起，响遍三巷三甲，村尾杀猪宰羊，拟设神筵，神明听到村头锣声，村尾猪叫，就腾云降到晓阳村看戏。

早年晓阳神戏的戏俗很特别，开戏前，戏头要把祖宗宝像从祠堂里迎出，在神铳、敲锣声中，抬进五显华光殿，宝像进殿面朝诸神，意思是祖

宗来请五显大帝神。之后，把大帝神像轿辇抬起，轿辇在前，宝像居后，一路风光，抬至戏场，算是祖宗把五显大帝恩人请来看戏了。戏演完了，得把神像送回宫。送神回宫时，宝像得置于村路拐弯处回避，一直等神像轿辇走远，看不见了，再把宝像送回祠堂。

灵察寺变五显庙

福安西兴里二十三都西隐村曾有座著名的佛教寺院西隐寺，据《三山志》记载，西隐寺建于公元858年，即唐大中十二年。公元892年，即唐景福元年，为敕额寺，号"景福栖隐院"。该寺开山祖师释法云，名仁煦，俗姓倪，二十八都倪下村人。明嘉靖《千乘郡倪氏宗谱》记载，他入释沙门，戒行清高，有伏虎法术。他骑虎寻胜，卓锡西隐村北山山麓，因寺院朝号景福，亦号为"景福禅师"。

宋元时期，西隐寺曾是福安邑内重要的禅林。一直到了明嘉靖年间（1522—1566），一次重大的变故后彻底变身，改为五显庙。这个变故与郭文周有关，关于郭文周的行状，我们在《城里城外鹤山观》中已经作了介绍。

传说郭文周年幼时因为家贫，便寄住西隐寺，边打杂，边读书，他平时沉默寡言，刻苦潜心。一日母亲心疼儿子，炖了一只土鸡，给儿子滋补。佛家之地，吃荤不能张扬，文周便在寺院外偏僻处，吃起热腾浓香的鸡肉。此举被寺院的一位沙弥无意中撞见了。当时，寺院中正巧有只母鸡失踪，寺众四处寻

◎ 灵察寺遗存石槽

找,不见踪影。好事的沙弥就将见到文周吃鸡的事禀告当家师。当家师也很轻率,就不假思索地追问文周这事。在寺院周围吃荤,也是犯戒的事情。文周被当家师当场一问,便满脸通红,很不好意思,也不知该说什么。文周言词支吾,惊慌失措的神态引起了当家师的怀疑,当家师心里嘀咕,就没有继续发问了。后来文周知道了寺院有母鸡失踪,联想到当家师的盘问,就觉得应该澄清事实,便主动到当家师面前,一五一十将母亲送鸡汤的事情和盘托出,当家师也不再提起此事。但是文周还是觉得应该还自己一个清白,就主动跑进大雄宝殿,对着释迦牟尼佛像焚香发誓:如果自己偷鸡,则七孔流血。拜毕佛祖,他起身走出大殿,因为大殿门槛特高,文周不小心被绊倒了,摔得鼻孔流血。众人见到此状,以为是佛祖显灵,便向文周投去狐疑的目光。文周羞愧难当,就不假思索地离开了寺院。他回家见到母亲,痛哭失声,倾诉了自己满腔的委屈。母亲认为,大寺院欺负小穷人,不见母鸡,真相一时也无法说清。母亲就叫儿子别再去寺院,在家好好温书。后来,母鸡找到了,怀疑自然消除,寺院与郭家便相安无事。福安民间俗语"西隐佛无灵",就是说的这个故事。郭公向佛陀起誓,却摔倒流血,反而引起别人的误会,佛陀有灵吗?

公元1544年,即明嘉靖二十三年,文周高中进士,轰动了十里八乡。随后文周赴任云南、广东等地,他为官清廉果敢,深得门人仰慕。一次他与门生们交谈,偶然说起了童年往事,感慨唏嘘。在座的得意门生陈万言听了此事,很是气愤。陈万言时任都察院左副部御史,他有着与老师类似的身世与经历。

陈万言是广东南海人,从小天资聪颖,苦读诗书。11岁中秀才,公元1552年,即嘉靖三十一年中举人,公元1556年,即嘉靖三十五年中进士,名冠南粤。陈万言没有考取前,穷困潦倒,日夜为衣食所忧,经常遭人白眼。不时有人冷言冷语道:"穷小子想中举,还不是癞蛤蟆想吃天鹅肉?"陈万言置之不理,仍然埋头苦读。陈万言中进士后,外出为官,荣归故里。乡绅达官趋之若鹜,远道相迎,在祠堂设宴,为之接风洗尘。远亲近邻,都来庆贺,一时门庭若市。陈万言见状,念及出仕前后,人们对他的态度是冰火两重天,感慨万千,遂在祠堂门口,贴出一副长联:"忆旧日寒酸,穷无四两铁,柴也无,米也无,纵有外戚里亲,谁来雪中送炭?幸今年科举,高中五经魁,姓亦香,名亦香,不论张三李四,都来锦上添花!"

陈万言听到了老师小时候被误会、受冤枉的事情,心想如果先生是富家子弟,寺中失鸡,就根本不可能找先生麻烦,西隐寺僧实在可恶。他便暗下决心,为老师这段不平事,秘访西隐寺。

公元1276年,即南宋德祐二年,西隐寺遭遇火灾,被烧成灰烬。之后恢复重建,更名"灵察寺",乡人仍习惯叫它"西隐寺"。陈万言察看了灵察寺,见到寺里和尚行为散漫,不守清规戒律,乡间对寺宇颇有微词。陈万言亲自书写奏折上奏朝廷,历数灵察寺行为不端。嘉靖皇帝与他的堂兄、好佛风流的正德皇帝正好相反,他崇信道教,好仙家之术,命方士炼丹,求长生不老之药,一生乐此不疲。他出自排佛的本能,阅批了陈万言奏疏,下旨拆毁灵察寺,没收寺产,并改灵察寺为五显庙。以上就是福安佛教史上的一次重大变故,也是福安民间流传甚广的"西隐佛无灵"的故事。

今溪潭镇西隐村《西隐郭氏支谱》刊载了当年嘉靖朝的奏折,拆毁灵察寺是公元

◎ 灵察寺遗留须弥座构件

1561年，嘉靖四十年六月二十日，嘉靖皇帝准奏的。陈万言在奏折上说："民控详报灵察寺僧尼不正，不习香灯，不由佛门正法，强桓人间妇女。"请万岁下旨，"行饬本部院拆除灵察寺，改建五显庙。并拿究僧尼，田亩山场尽归监察御史郭文周，由周执管灵察寺"。陈万言认为，此举上遵朝廷的旨意，下念师道的惠德，着实为老师出了一口恶气。

灵察寺改五显庙的事实是可信的，清代乾隆、光绪《福安县志》都有所记载。陈万言的过激举动，对于西隐寺来说，是灾难性的。今日西隐村的灵察寺遗址中只剩下残缺的石构件，只见荒草中裸露着一口石臼，内镌刻"政和七年丁酉岁造"字样。另外在赛岐慈云寺出土一口古石槽，透露的一个信息是，石槽由西隐僧赠送，上有"西隐禅院赐紫僧道延抽衣□打造浴石曹一口入慈云寺资严"字样。

灵察寺改为五显庙，是西隐寺之过，还是陈万言之误，其中的是非曲直，我们真的一时还说不清。今人审视古人的行为，不能过于苛求。将灵察寺改为五显庙，陈万言应该是深思熟虑的，因为五显华光帝是一个亦道亦佛的神灵，而且也是洪武帝朱元璋热衷的神灵。当年朱元璋定都南京，就在鸡鸣山一带建起了五显庙。让这种身份的神灵入住灵察寺，上对信道的嘉靖皇帝，下对信佛的老信众，都有一个比较明智的交代。在佛道交融的中间模糊地带，皇上与子民都是可以顺应其变，和睦处置的。因此，此时的五显庙，依然香火如初，信众如旧。

到了明末清初，西隐村郭姓族人全部皈依了天主教，他们捣毁了属于"撒旦之所"的五显庙，那是一种翻天覆地的宗教异端行为。这时，天主教徒对五显庙所采取的极端手段，已经是毋庸置疑的了。

当然，我们还可以作这样的设想，如果没有"西隐佛无灵"的故事，没有灵察寺改为五显庙的过程，西隐寺是否还与五显庙有相同的命运、一样的归宿呢？总而言之，是人性使然，抑或时代更迭，才会有这个五显华光帝被历史利用、更替和抛弃的寓言故事。

东南西北五显宫

　　由于五显信仰深入人心，福安城乡的五显信众已不满足于五显灵官华光帝行走在道佛之界的"神头佛尾"地位，人们为了改变这种特殊而尴尬的地位，单独构筑五显宫庙，主祭五显，有意提高他的威望与神力。五显宫，作为唯一的道佛俗神之所，遍布于福安城镇乡村。

　　城北的兴隆宫建于公元1592年，即明万历二十年，功德主是城内凤冈上杭陈氏族人，陈氏添梧公、晓梧公兄弟慷慨好施，毅然为族肩负重任。他们的孙子陈端鉴舍地建兴隆宫，助银四十两，捐香灯田五亩。公元1744年即清乾隆九年，公元1882年即光绪八年两度重修。至2001年又经修

◎ 察阳宫

葺。现有正座与戏台。正座大殿主祀五显大帝，配祀临水三夫人、林公大王、田都元帅、福德正神、赵公元帅等神祇。正殿有多处楹联，其中之一是"三眼分明遍观大地通天下，一鞭威武永扶南天佑万民"。新构在整体上略嫌粗糙、简陋，感觉就像是市井的一介寒士，与凤冈上杭陈氏宗祠那金碧辉煌的"钟鸣鼎食"之家形成了强烈的反差。

城南的洋尾宫，又称察阳宫，是察阳黄氏族人舍地捐建的。始创于元代，重建于公元1846年即清道光二十六年，新修于1993年。现今建筑华丽堂皇，宫前有大樟树，民间认为此为树神，还立有神位，上书"敕封感应救民樟树先生"，终年香火不断。走过宫门，进入前座，梁上书写"檀越察阳江夏黄良璧喜舍地基壹所捐银叁百两重建大吉"字样，就是说察阳道教信士江夏郡黄良璧十分高兴地捐献地基一处和银圆三百两以助重建大吉。大殿内神灵基本类同于隆兴宫。不同之处是正殿主神的后壁祭祀五显灵官夫人铁扇公主。最有特色的是除了主祀五显"舍投公"外，还重点祭

◎ 察阳宫古老的藻井

◎ 崇安宫

祀"白衣舍投"，即白衣灵官。民国《察阳黄氏族谱》对"白衣舍投公"有特别的记载。大殿内备有两座神辇，分别为五显灵官与白衣灵官，用于正月外出巡游。有人认为，白衣舍投就是五显帝，白衣白甲是五显灵官元帅的别样戎装，明代小说家罗懋登的《三宝太监西洋记通俗演义》所描绘的马元帅就是这种形象。大殿有副楹联特别显眼："三眼放神光洞察世情多伪诈，一心存怒气沉沦天理少忠良。"后座供奉慈航真人观音，门前有"南海圣境"字样。门前楹联是："有感即通，千江有水千江月；天机不被，万里无云万里天。"察阳宫内有公元1921年，即民国十年黄氏里人创作的神签，共60签。首签典出《华光出现》，末签典出《唐虞之际》。

根据福安民间的历史地理常识，将城外南北二境说成"下路"、"上路"。而城外东西二境，分别为"东路"、"西路"。

下路最有代表性的五显宫是位于沿江里二十九都外塘崇安宫与甘棠东门的朝阳宫。

◎ 清同治年间的签诗碑

外塘是福安下路重要的渔区之一，并以建造木帆船闻名闽东，主要居住苏姓村民。据清乾隆《外塘苏氏族谱》记载，一位姓苏的道教信徒曾于公元1537年，即明嘉靖十六年，建有金山宫，主祀五显灵官，苏氏称五显灵官为"金山舍投"，系苏氏外塘始祖带来的香火。金山即灵山，当年第一世五显曾受命守护灵山。金山宫内还有五雷大使、莲花夫人、临水夫人、周宣灵王等神灵。因兵火之难，怪潮之灾，今金山宫已圮。现保存的五显庙称"崇安宫"，因外塘称二十九都崇安境，故名。又称"大帝庙"，是福安境内保留古代文物最多的五显殿。进门是一狭窄的过道，过道墙上有三通清代碑刻，另外还有一通新碑系根据原有清代"厘金碑"残构重雕而成。其中一通是公元1801年，即嘉庆六年，福安县衙针对外塘十甲渔桁缴纳渔课的告示，渔桁是人们以竹子在滩涂中编成栅栏，用以捕鱼的固定区域，其内容似乎与五显信仰无关。另有三碑记载了该处五显殿始建于宋代，历元明两代，递年修葺，公元1729年即清雍正七年、公元1847年即道光二十七年又启重修之事。还附有缘首、捐资信士名录。殿内牌匾经年烟熏火燎，字迹多乌黑不辨。依稀可辨的是悬挂于柱子上的公元1825年即清道光五年，与公元1827年即道光七年镌刻的木质楹联，分别书写着："显赫神功一方沾保障，威峨庙貌万姓仰威灵"，"光灿南辰尊居北极,迹通三界泽荫万民"。引人注目的还有公元 1863 年,即清同治二年厘金缘首们刊刻的签诗木牌,共 28 签。其中前三签分别是三圣、三阳、三阴签。首签"三圣签"说:"塘水崇安宫,灵筶阐元工。求得三圣者,逢时又顺风。"最后第 28 签"冲天筶"说:"两筶并立起,必定有财喜。养儿成丈夫,荣华耀梓里。"崇安宫虽然有几处现代功利性建筑的败笔,但仍犹如一本耐读的旧书,透露出渔村神庙别具一格的古风。

甘棠东门的朝阳宫,俗称东门宫,始建于明代。嘉靖倭乱被毁,公元 1792 年,即清乾隆五十七年重建。民国《甘棠堡琐志·重建朝阳宫四祠议约记》记载,1920 年农历九月,甘棠堡内两郑、两陈二姓四祠堂族人立合约重建朝阳宫。时绅士为宫庙题有针对性很强的楹联:"五显镇莲城(指甘棠),忆昔倭寇相侵,捍患御灾昭赫濯;千年扶棠堡,缅今土匪构乱,扇硝吐火耀威灵。"1997 年新建朝阳宫,新建筑物共二层,上层为华光宝殿,独祀五显帝。内有楹联为"封神名扬部州震南游灵威,赐宝塔下长溪定四海

◎ 朝阳宫

乾坤"。朝阳宫是纯粹的村落实用性建筑，不讲究传统的宫庙格局，突出了建筑物实用便利的多项功能。

上路华光圣殿位于平溪里晓阳村，建于公元1586年，即明万历十四年，檀越主是谢氏。公元1757年即清乾隆二十二年，公元1847年即道光二十七年两度扩建，渐成规模。圣殿中供奉的五显华光就是每年晓阳神戏表演中的重要角色，即一尊必须请出观戏、与民同乐的神灵。整个殿堂古香古色，长年的香火缭绕，给圣殿平添上几分神秘的气

◎ 朝阳宫门神

氛。殿堂天井里始终燃烧着根根密集的巨烛，天井的红烛与大殿的黑柱，相映成趣，色彩明快。墙壁上有成就于1925年的《五显灵官大帝签诗》，共有102签，是平时预测香客生计与未来的灵器。整个华光圣殿建筑就像是一件可以百看不厌、不可多得的古董。

东路华光大帝南宫位于沿江里三十一都苏阳村。乡人认为，华光大帝佛中上善，天下正神。因大帝德尊南极，位镇南离，故名"南宫"，又名"南山宫"。明清之际，苏阳村屡遭兵燹，皆仰仗华光大帝神灵之贶，得以安靖，故南宫在苏阳村民心目中举足轻重。南宫门前有一株千年古榕，绿色华盖遮得满地荫凉。南宫山门横匾上书"钟响苏江"、"五显灵祠"。拾级而上左拐便是南宫大殿，宫外矗立两通清代石碑，公元1818年，即嘉庆

◎ 南山宫

清咸丰五年三月碑记载：嘉庆十四年，庙宇修葺后将所剩资金购置田产，以助香灯，以裕需用。正殿内除了祭祀五显神灵外，尚供奉华光大帝夫人翠云山芭蕉洞铁扇公主与蜀汉昭烈大帝刘备。十月初十，报赛良辰，乡间居民在金殿燃香迎神，纵情狂欢。正如唐人王建《赛神曲》唱道："但愿牛羊满家宅，十月报赛南山神。"

西路的芙蓉宝殿位于钦德里十九都苏堤村，因宫庙处在村口浮牌头路里，又称"浮头宫"。公元1815年，即清嘉庆二十年重建，以后屡次修葺。1927年、1931年两度大修。苏堤五显宫内

二十三年，桐月（三月）碑记载：五显大帝为一乡土主，其庙香火相续已有千余年。因宫庙破敝，需筹资重修，于嘉庆二年三月信士刘公望等十四人发起，随缘乐捐铜钱一万一千，并将钱两投花户生息，加二计息，按年收取。每年三月初六首事在五显大帝座前收讨，如有违约，神必鉴之。收息字据，首事轮流收管，不许徇庇。至嘉庆十四年备足资金，方始修葺。石碑上还有乐捐年息人员名单。公元1855年，即

◎ 清嘉庆年间的南山宫石碑

◎ 芙蓉宝殿山门

没有戏台，而是设立村落罕见的祭祀五显专用剧场，剧场与芙蓉宝殿不在一起，之间相隔一条道路。剧场平时锁将军把门，只有到了正月初五、二月初二、九月二十八日五显神戏开演时，才大门敞开，一座大剧场可容纳数千人。

　　进入宝殿，便有一株千年古榕树，人称"先有古榕树，后有五显殿"。榕树植于隋代开皇年间（581—600），迄今有1300年的历史。今古树新枝，千姿百态，生机勃勃。树高27米，树围13米，树头板根围28米，冠幅直

◎ 芙蓉宝殿

径54米,树荫蔽地面积达3000平方米左右。相传古榕神树是五显灵官的化身,并时时显灵,造福人世。福建省政府原副省长苏昌培先生曾信笔书写"千趣"二字,概括了古树神韵。中心广场是巨型五显灵官神像,芙蓉宝殿由三座主体建筑组成,中间正殿祀五显帝,殿门有楹联"鞭力无穷新宇雄开衡峰月,神功有应古榕挺立证春秋"。左右殿配祀财神与土地神等神灵。芙蓉宝殿建筑群气宇轩昂,格局宏大,却略显粗犷俗气。

畲汉共奉奶娘宫

奶娘是福安城乡畲汉百姓最为尊敬的女神，神名陈靖姑，又称陈十四娘、临水夫人、顺懿夫人、通天圣母、太后元君等，她与另两位女神林九娘、李三娘并称为"三奶夫人"，其中陈靖姑称"大奶夫人"。根据民间传说，陈靖姑出生于闽县下渡，出嫁于古田中村，羽化于罗源西洋。陈靖姑原为女巫，升天为神，主司保护凡间妇女儿童，同时还具有祈福禳灾、惩恶扬善的法力。

临水夫人万神殿

在闾山夫人教的道士科仪书中,描写临水夫人陈靖姑麾下有着成千上万的神兵天将,其神班主要成员大多由女神组成,这是中国民间女神系统中最高规格、最典型的群体。

陈靖姑为主神,林九娘、李三娘为辅神,三神同座,统称"三奶夫人"。三者在临水夫人万神殿中处于无比崇高的核心地位。其协神包括三十六位女神,人称"三十六宫婆"。还有九位夫人与陈、林、李三奶夫人

◎ 临水夫人陈靖姑

一起，并称"十二姐妹"。在班子成员中还有虎马二将、张萧刘连四圣者等男神，其地位和影响力与上述女神相比，均不可同日而语。

林九娘在临水夫人万神殿中地位仅次于陈靖姑，是陈靖姑同道姊妹，闽东罗源县人。曾遭妖魔所害，为陈靖姑搭救，并跟随陈靖姑学闾山法术，共同除妖。后闻陈靖姑脱胎祈雨遇害，便绝食羽化。其主庙在宁德霍童转水宫。宁德还有顺水宫、福水宫，都是主祭林九娘的行宫。人们到古田县祖庙请香接火，转水宫是必经之处。李三娘，系闽北光泽县人。因其母亡于临产，便立志赴闾山学法，度母救人。学法途中认识了陈靖姑，遂结为姊妹。李三娘祖殿在政和县铁坑村。

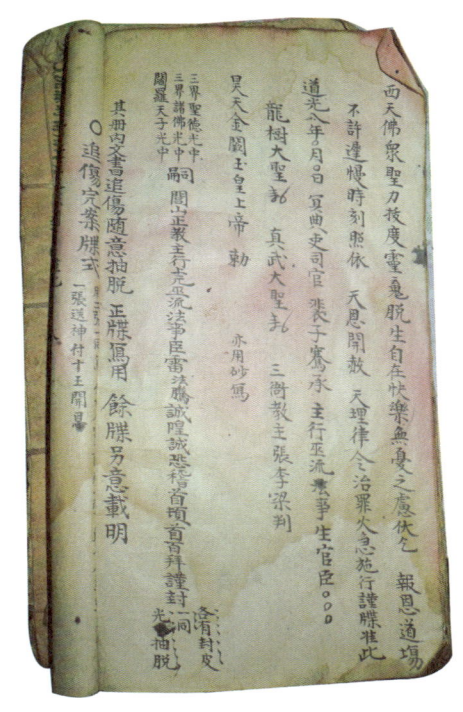
◎ 清代畲族巫师科仪唱本

三十六宫婆原为闽王宫女，被白蛇精加害于宫中，陈靖姑以法术拯救了她们，闽王将复活后的三十六位宫女赐予陈靖姑为徒。三十六宫婆又称"三十六婆神"或"三十六婆姐"，她们分别来自八闽各地，主要负责妇女的保胎顺产等。她们各司其职，如第二有灵宫刘七娘，原籍福州府长乐县，为保胎婆姐；第七文政宫卢二娘，原籍南剑州荔波县，为救产婆姐；第十灵应宫陈六娘，原籍建宁府建安县，为安胎婆姐；第二十一福禄宫魏四娘，原籍漳州府长泰县，为感应婆姐；第三十六广顺宫高八娘，原籍建宁府崇安县，为监生婆姐等。其中第一玄明宫马五娘，原籍福安县人，是注生婆姐，民间认为她是马仙化身。

十二姐妹除了三奶夫人外，都是出自福州府的女神，相传她们都是与陈靖姑志同道合而结谊的挚友。如虎婆奶江夫人，古田本地人，为陈靖姑神系中之护痘之神。又如石峡二奶夫人，罗源人，被陈靖姑收为徒弟，能助陈靖姑除妖伏魔。

临水夫人万神殿中的男神均为陈靖姑部属护卫神灵，他们有独立的神格，并各自承担与妇女生产育子相关的神职，如虎马二将就是护卫妇女保产催生的神灵。

陈靖姑万神殿属于闽东闾山教门夫人教正殿，坐落于古田县大桥镇中村村北的临水顺懿庙是陈靖姑祖堂。中村临水宫始建于公元767年，即唐大历二年，为民间祀神之所，初不为官方所认可。南宋淳祐初年，福州知州徐清叟将陈靖姑神迹上奏朝廷，临水宫终得朝廷敕封，封为"崇福、昭惠、慈济夫人"，并赐额"顺懿"。公元1315年，即元延祐二年，朝廷掌管天下道教事务的玄教院道教官员、玄教大宗师吴全节委派弟子王既明驻鹤古田临水宫，住持道务。从此，陈靖姑从民间俗神上升为官方敕神。于是，

◎ 苏堤人和宫

古田临水宫开始大兴土木,历明清两代,渐成规模。

古田顺懿庙不仅是陈靖姑信仰的供奉中心,而且也是道教闾山派夫人教门的发祥地。临水夫人信仰与一般女神信仰的最主要区别在于,陈靖姑不仅是普通信众供奉的神灵,而且是地位仅次于闾山教主许真君的闾山派夫人教门的法主神。夫人教又称"三奶教",或称"妹子教",主要分布于闽东、闽中及闽西南地区,其科法内容包括收妖逐煞、护产救婴、驱邪保病之保安法事等。夫人教的法服形式是一种女巫装束,有明显的特征,即道师头系红色法巾,上扎神额皮冠,冠上绘有灵兽头像,上身穿绿色衣袄,下身着红色短裙,行罡作法时赤脚。

在福安闾山道坛中,历史悠久并与陈靖姑夫人教关系最为密切的是位于福安平溪里下房村(今属寿宁南阳镇)的"陈师公坛"。道坛创设于宋太平兴国末年至咸平年间(984—1003)。坛主为陈小四、陈小五,他们分别是公元965年,即宋乾德乙丑科进士陈洪轸的儿子与侄子。下房村陈姓族人世代体认陈靖姑为本族的"太姑婆",并称之为"姑婆神"。在下房村

◎ 北辰宫

的神庙中都供奉姑婆神的神位,而陈小四、陈小五,一直列于姑婆神左右,为陪祀神。在陈师公坛道坛中,陈小四迁居东瓯下榆洋(今属浙江省平阳县),陈小五遂为平溪里唯一的陈师公坛坛主。公元1563年,即明嘉靖四十二年,倭寇犯境屠村,下房村陈姓族人四处逃散,自宋初创立的陈师公坛随之湮绝。风风雨雨陈师公坛,先后历时近五百年,其影响遍及闽浙交界地的泰顺、景宁、庆元、周宁、福安等县份。陈洪轸是上文讲述的三仙师之一上杭陈儒的叔公。陈仙师的法术是否得到平溪里下房村陈师公坛的真传,已无具体资料可以佐证。但二者有着天然的联系是显而易见的。

　　陈靖姑信仰在福安勃兴始于明代,其重要的标志是建于明英宗正统初年的顺济行宫,位于福安界东里四都察阳(今洋头)湖上。据明万历《福安县志》记载,时陈靖姑敕封为"崇福广利太后元君"。福安城内还有一处临水宫,位于龟湖山上,与天后宫并列,初建于公元1805年,即清嘉庆十年,重修于公元1871年,即同治十年,今已废圮。清光绪《福安县志》中还记载了福安多处奶娘宫所在地,包括北辰街、穆阳、村尾、坂头、坦洋、

◎ 岭尾宫(福水宫)

东昆等。

今奶娘宫林立于福安城乡,其他神祠中兼祀奶娘的更比比皆是。如钦德里十九都苏堤一村就有三座奶娘宫庙,一为始建于宋淳祐年间,重修于1921年,新建于1996年的藻缠夫人宫,藻缠夫人宫大门竖额写"赐敕藻缠夫人宫",门柱有楹联为"宫貌壮千秋鼎新有象,母仪昭百代坤厚无疆";二为始建于公元1799年,即清嘉庆四年的后宅夫人宫;三为始建于公元1876年,即清光绪二年的人和宫,其大门楹联为"庙貌巍峨高北斗,神功浩大障南天"。这些奶娘宫庙都是主祀三奶夫人。

沿江里上二十九都甘棠堡内有东南西北四门,其中南北两门就有两座奶娘宫庙,北宸宫建于公元1841年,即清道光二十一年。民国《甘棠堡琐记》认为,建宫"以镇堡之北门"。北宸宫有楹联为"洪都巨德参天地,临水源流贯古今"。宫中大殿内有圣母签诗,共51签。2008年,乡民又在南宸宫遗址上建起新南宸宫,作临水分宫,以镇南门。上二十九都大留村巨族张姓一支族人于明永乐年间迁居东岐境,建村伊始,便在村中鼎建奶娘宫,以保佑新村四境平安。

沿江里上二十九都大留村附近有一个小村落,名岭尾宫,村落就是以当地奶娘宫命名的。传说公元1593年,即明万历二十一年,赛岐象环村民往古田临水宫祖庙祈雨,路经大留村岭尾的一个小村落时,遇一美貌女子,其女言:"你们去古田祈雨吗?神无所不通,唯诚便达。"并授以祈神祝章。说罢女子不见,大雨倾盆。人们以为陈靖姑显灵,便在大留岭尾小村建奶娘宫,俗称"岭尾宫"。这则掌故使岭尾宫声名大震,附近村民每遇旱魔,便来宫中祭祀临水夫人。久而久之,小村便直接以"岭尾宫"呼之。岭尾宫内奶娘宫曾于公元1805年,即清嘉庆十年重修,内里保存有嘉庆十年石香炉。岭尾宫奶娘信仰延续至今,香火不绝。20世纪90年代新建的岭尾宫,名为"福水宫",宫中楹联有"法通福水三千界透九天,恩荫鳌山百万年传千秋","神德欲洪钟叩高底而必应,元君如宝镜照遐迩以皆明"。只要是黄道吉日,四邻的村民都会来福水宫中祈求奶娘,不单纯是为了安胎、求子等,祈求的范围已经扩大到人间生计的方方面面。

水云仙府福安道观

　　仁风里二十六都黄澜村薛姓村民于公元1595年，即明万历二十三年，在其薛氏祖祠左边创建临水宫，时兴工董其事者，即属建祠诸人。临水宫重建于公元1733年，即清雍正十一年，到公元1785年即乾隆五十年，与公元1809年即嘉庆十四年，又分别修葺了正座与前座。公元1814年，即嘉庆十九年，砌造了临水宫砖墙，黄澜临水宫遂渐为永固，亦成规模。

　　福安各地奶娘宫庙的信众，每年或隔年在农历正月十五日陈靖姑神诞日或七月二十八日陈靖姑升天日，都会成群结队到古田临水宫祖庙去请香接火分灵，并争取夺得头炉香，当上"头香客"。今古田临水宫尚存一块石碑，是1929年福安西部穆阳镇通天宫进香团所立的捐资碑。

畲家神龛请奶娘

明代福建种菁（可制作染料的蓝靛）业特别发达，所产的蓝靛品质优良，有"闽蓝甲天下"之誉。当时蓝靛的种植遍及整个福建行省，从事这个行业的主要是来自闽西的汀州人，其中便有大量的畲民。汀州位于闽粤赣交界地，那里是畲族先民的聚居地。

据明崇祯年间进士熊人霖的《南荣集》记载，当时，凡是种菁的地方都有山主、寮主、菁客等三种不同身份的人群。山主是当地居民中的山地所有者，寮主是租用山主土地的人，他们原居于汀州，颇有资本，租赁山地后，搭起寮棚以等待菁客的到来。菁客是种菁业的雇佣劳动力，寮主发

◎ 畲村桃林曲

给他们蓝靛种子，他们凭借自己的力气，在寮主的山地上种植蓝靛，并向寮主交纳租金。上述三种人，即山主以土地、寮主以金钱，菁客以劳力连成了利益的链条。来自汀州的畲民，大量迁入闽东便与种菁业有关，他们在闽东主要充当菁客，因此，畲族在闽东又被称为"菁寮"。

畲族迁入后，落脚山林，搭寮而居，过着"种树还山，种菁为活"的生活。他们除了充当菁客外，还向官府或大姓望族租山垦殖，并按契约交纳租银。畲族迁徙闽东，多是以家庭为单位，三三两两，徐徐而行。大多数蓝、雷、钟各姓的畲族谱牒中既普遍点明了他们迁入闽东的具体时间，又注明他们的开山祖起先都是一个家庭的户主。

由于闽东官衙对畲民政策比较宽松，畲汉两族基本和睦相处，到了清代，大量的畲族聚落已经在闽东形成。于是，闽东便成了福建畲族的最后迁徙地和最主要的聚居地。其所包括的罗源、连江、古田、宁德、霞浦、福安、福鼎等县，都分布着众多的畲民村落。

清代福州府、福宁府所属的地方志中或多或少都有关于畲族乡村与畲

◎ 畲村巫师表演奶娘踩罡

民的记载。其中较为详尽的是光绪十年《福安县志》，该书卷之三《疆域》中，罗列了福安三十五个都图二百余处畲族自然村村名。这是迄今所见清代地方志中，标明畲族村落最多的一本历史典籍。畲族落户福安的一个重要原因是，明代嘉靖倭乱与万历水灾等天灾人祸，造成了福安人口锐减、土地虚空，畲民填补了这个空白，得到生机，成为当地的居民。福安便成为当今大陆畲族人口最多的县份。

延续至今的闽东畲族乡村的聚落特点是"大分散、小聚居"，即指小聚居的畲族村落大多都插花似的分散在诸多汉族村落之中。如果要在这种散杂居的环境中应付自如地生存又不失去本民族之根，畲族村民所遵循的生活法则必须既要保留本民族的传统，又要适应环境的变化。不管是精神生活还是物质生活，都应该如此。

在农耕时代，作为闽东新移民的乡村畲族，其"射猎其业，耕山而食"的经济活动习惯可以基本不变，但是，当地汉人所供奉的民间神祇与祭祀活动却对他们有着潜移默化的威慑力、震撼力与感染力，并可能时时处处影响与支配着他们的精神生活。畲族传统的宗教信仰是带有巫术色彩的多神崇拜，"唯灵是信"的观念促使他们不会对各种宗教神祇加以严格区分和贸然拒绝，却往往可能会同时向不同宗教传统的众多神祇求助，他们在日常社会中对神祇的选择，与表面上的宗教倾向无关，神祇是否灵验，才是他们选择的唯一出发点。

闽东乡村畲族在与当地汉人广泛深入的社会交往中，选择了林亘与陈靖姑两位神灵。林亘俗称"林公大王"，为宁德县周墩（今周宁县）人，据乾隆《宁德县志》说："林公宫，在北门外，一在碧山樟树下，一在周墩东门，一在周墩西门，一在十四都杉溪。"相传他是宋时县内杉洋村人，生前擅长搏虎，逝世后能御虎灾，因此村民都祭祀他。林公大王既是猎神，也是乡村四境的保护神，耕猎并作的畲族村民既需要借助林公大王的神力行猎，也需要凭依其灵光护佑村落宁靖。

而陈靖姑与畲族的关系却复杂得多。据畲族盘瓠传说，盘瓠王揭高辛帝皇榜，出征歼敌，得胜回朝，娶三公主为妻，生下三男一女，并迁出都

城赴广东凤凰山，休养生息，繁衍后代。在盘瓠传说中，盘瓠王曾是闾山得道者，如畲族史诗《高皇歌》唱道："龙麒（即盘瓠王）自愿官唔（不）爱，一心闾山学法来。学得真法来传主，头上又荷花冠戴。当初天下妖怪多，闾山学法转来做。救得良民个个好，行罡作法斩妖魔。闾山学法法言真，行罡作法斩妖精。十二六曹来教度，神仙老虎救凡人。"今福安县畲村的家族中多藏有的畲族祖图，即以连环画样式，叙述盘瓠传说，其中都设有专页表现盘瓠王告别公主往闾山学法的内容。

闽东闾山法夫人教成了畲族巫术文化与陈靖姑信仰的契合点，这是畲族巫术文化全盘接纳陈靖姑神灵体系的基本前提。除此之外，临水夫人法力的主要功能是保婴保赤，对于伦理思想崇尚"九族推尊缘祭祖，一家珍重是生孩"的畲族村民而言，陈靖姑信仰有着特殊的亲和力。又由于盘瓠传说中三公主在畲民家族中地位显赫，女性在畲族家庭某种场合中起主导作用，因此，乡村畲族对女神有着固有的偏爱。畲族女神有蓝太姥、插花娘等。随着陈靖姑信仰的深入人心，畲族村家家户户的香火榜上都供奉起了临水夫人，并昵称之"奶娘"。一个能够护佑畲家妇女儿童的女神，在畲族巫术文化原有的神谱中是空缺的，于是，临水夫人陈靖姑便理所当然地被请进了畲族家庭的香火榜，同时也被请进了畲族巫师的万神殿。

头戴花冠身着红

畲族巫师,俗称"师公",是畲族巫术文化的演绎者、操作者和发言人,他们自称闾山夫人教"巫流科事臣"、"道场弟子"、"闾山正教行上元巫流生官"等。每一个巫师都隶属于各自的道坛,各道坛有不同的坛号。福安畲族巫师70座法坛中都有各具特色的坛号,如"显应灵坛"、"灵宝法坛"等。畲族闾山夫人教以闾山道法为主,茆山(茅山)法术为辅。正如畲巫《闾山传流罗天清醮首时科仪》唱本所云:"臣请闾茆众师公,头戴花冠身着红。行符咒水游天下,杜灾降福纳凡民。"茆山之术的辅助作用,主要在驱邪、打鬼、治蛊时,施行以毒攻毒的手法来增强杀伤力。

畲巫行罡作法,都依据一定的文本。文本共三类:一类是法事过程中作为表演肌体语言的依据,如《闾山传法三十六把冥阳诀》;一类是法事中各种请神疏文、符箓的恒定书写格式,如《闾山传流清醮疏式》;最丰富的一类是表达巫师口头语言的各式科仪唱本,包括初时科、罗房科、安坛科、王母科、出山科、交魂科、谢恩科、借天兵科和众神科等。畲族巫师行罡作法时,还要有固定的着装,使用固定的法器。

在畲巫《招兵科范》中占有相当篇幅描述临水夫人奶娘兵马潜行助战的情节。由于畲族家族传说中的盘瓠王与奶娘同样经历闾山学法的关联性,便有了汉畲两族巫师之间传授大奶夫人法术的默契性,也具备了陈靖姑信仰通过畲族巫师直接融入畲族巫术文化核心区域的可能性。

凡是在多神信仰的神坛中,必定存在着神祇的等级问题。而等第划分的核心依据,是该神祇对于信众社会的命运所具有的影响力。由于民族、地域和社会阶层的不同,人们对神祇重要性的认定往往也是不同的。又由于国家礼仪、地方祭祀和民间崇拜对于神祇等级的划分各有自己的一套标准，使得各个神灵体系又不是完全独立和封闭的，往往存在互相吸引和包容的现象。随着时代变迁、社会交往与文化互动，又使得这些关系变得错综复杂，异彩纷呈。从现有的畲族巫师科仪唱本中可以看出，在其繁杂的神谱中，临水夫人神灵系统的地位是极为显赫的，其地位仅次于闾山法主许真君，这就是闾山夫人教的要旨。

科仪唱本《闾山传教请神科仪》体现了畲族神祇等级的复杂性，这个唱本主要用于闽东畲族乡村的春秋大醮。在仪式过程中，随着法器（乐器）的旋律，巫师以万神殿为法宝，迎请一批又一批神灵驾祥云下凡，在虚拟的场景中，巫师与神祇的精神交流表达了村民的意愿。整个乡村的村民默默地祈祷着，寻求他们所景仰的众神的庇护。

巫师吟诵："恭燃宝木明香，巫流遥瞻礼请，……奉三界圣众，恭闻

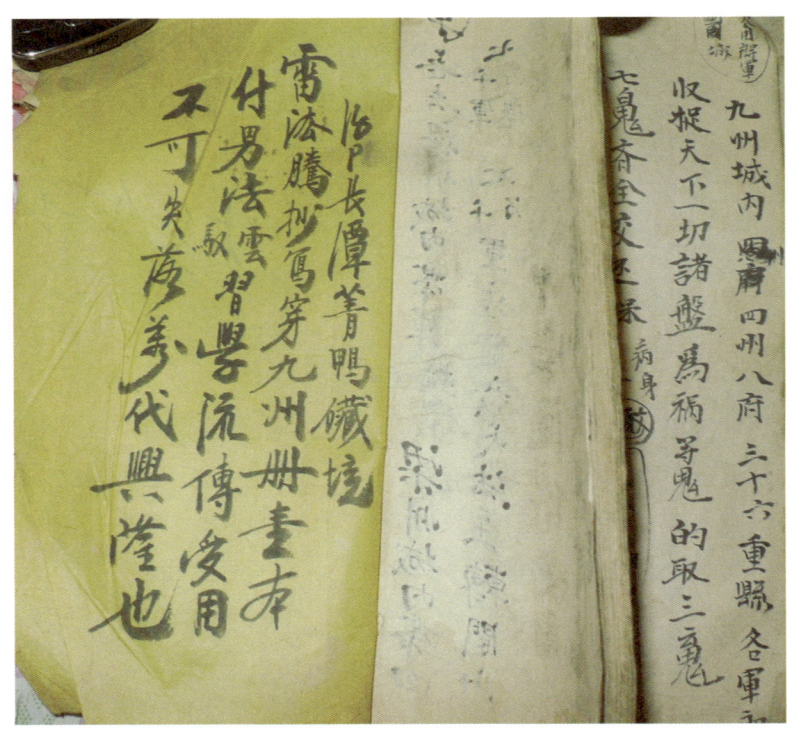

◎ 福安闾山派重要传人雷法腾手书科仪唱本

菩萨有求皆应,不从天高地远,今为良宵……"巫师请神灵的程序由近而远,再由远而近。首先出场的是法坛坛主神,即三衙教主、三天尊;其次是瑜伽教主观世音;第三个出场的便是陈靖姑女神系统,"谨谨一心奉请临水、转水、福水宫中敕封护国通天圣母陈、林、李三位元君,……葛氏夫人……曾氏夫人……三十六宫婆神、四十八殿婆姐",有关陈靖姑神灵系统中的众多女神均在恭请之列。当大醮欲过"禳灾关"时,更请大奶夫人为教主,施行法力。随之,恭请"三界护教、万法宗师",包括民间信仰中的天上人间、阴曹地府等各色神祇。又进而恭请儒门、释门、道门各类教主神祇。最后,还恭请本地的所有神庙所有神灵,包括已经仙逝的当境畲汉圣贤、草根精英等。

从以上不分民族、不分教宗、不分神灵系统,统统为我所用的大醮请神仪式中可以看出,畲族巫师关于神祇等级观念的划分,完全是一种相当实惠的态度。在畲族巫师的万神殿之上,奶娘以其独立的女神系统、独特的"闾山"神力,占据了不可忽视并无法替代的一席之地。

在畲族巫师施行法术的形体动作中有专门的"夫人诀",作为三十六把手诀之一。据《闾山传法三十六把冥阳诀》说,该诀用"阴阳手,右手在上,尾指(即小指)交左手四指,揉转而迎起,即夫人也。"总之,奶娘的作用,在畲族巫术文化的巫师行法场域中,几乎是无处不在的。

由于畲族巫师将原属于汉族神祇的奶娘请进了自己的万神殿,又由于畲族巫师具有包括奶娘罡法在内的"闾山教"的娴熟功夫,因此,在闽东,不管是畲族乡村,还是汉族乡村,畲族巫师都受到了应有的尊重和礼遇,很多汉族村落也会延请畲族巫师行罡作法,祈福禳灾。

从现存的畲族巫师科仪唱本中,我们往往可以追溯到各坛巫师教宗传承的历史。畲族巫师们有个习惯,即他们在转抄科仪唱本时,一般都会在唱本落款处妙笔生花,交代唱本的来源,以示巫法的正宗。于是,人们便可以从唱本的落款处,按图索骥寻找到巫坛的源头。一个耐人寻味的现象是,大量涉及陈靖姑神迹的巫师科仪唱本中都记载了畲族巫师由汉族巫师嫡传的信息。如福宁府福安县灵宝法坛雷姓巫师所藏的用于恭请临水夫人行罡作法降伏旱魔《旱魃法书》唱本落款为："明天启元年（公元1621年）六月吉旦，林法通原籍抄写，取《仙旱魃细法》。清嘉庆贰拾年（公元1815年）六月吉旦，依师传抄——林法真。光绪七年辛巳岁（公元1881年）七月吉旦传抄——吴法飞。飞传男法留同婿钟声远，敬识再抄。"以上文字表达了灵宝法坛二百余年传承的历史过程，其中包括林姓汉族巫师传至吴姓畲族巫师，再传钟姓畲族巫师的一脉相传的链条。

　　到了清代中期，福安畲巫的人数持续递增，他们的影响力越来越大，他们逐渐取代了汉族巫师的地位，成为闾山夫人教的主要传承人。福安现存的夫人教汉族师公中，大多数人都是得到了畲巫的真传。如今福安闾山夫人教的师公分属于东西两路派系，其最早的传承人都来自畲巫。如东路夫人教传承人是家住钦德里十五都长潭村的雷法腾先生，他从事法事活动时间大概处在清嘉庆、道光年间，他德高望重、名噪乡间，徒子徒孙、衣钵传人众多，包括畲汉两族师公，一直延续到现在。雷法腾先生的法衣、法器等，经数代传承，流传至今，仍保存完好。其法书多有散失，但从现存的科仪残本与法脉传承的记录中，依稀可猜测出当年闾山夫人教在福安是盛极一时的。今天，福安闾山夫人教巫师全部受箓于道教正一派，其中九成是畲族师公。

乡间尽唱《奶娘传》

闽东流行的陈靖姑神迹故事主要依据传奇小说《临水平妖志》改编。各类草根精英们以《临水平妖志》为蓝本，重新创作出不同版本的《奶娘传》，在再创造的过程中添加了地方性内容。《奶娘传》在福安民间传唱着，蔓延至百村千户、十里八乡，临水夫人信仰逐渐家喻户晓、深入人心。

福安民间流传着多种《奶娘传》的说唱诗本，其特点是将陈靖姑的身世、传说与赞颂其灵威的话语结合起来，以七言长诗形式夹叙夹议、记述抒情。说唱诗本有《奶娘咒》、《奶娘经》、《奶娘诗》、《奶娘塔》、《奶娘行罡诗》等，琳琅满目，美不胜收。

◎ 苏堤藻缠夫人宫

最常见、最流行的是《奶娘诗》、《奶娘经》，演唱者多为民间女信士，她们逢年过节，或在家中，或处宫庙，一唱多和，声情并茂，如歌如诉，把奶娘的传奇与功勋演绎得淋漓尽致，感人至深。相对而言，其宗教色彩渐消，而世俗色彩渐浓。

其二是与闾山夫人教息息相关的巫师唱本，包括《奶娘咒》、《奶娘塔》、《奶娘行罡诗》等，演唱者是前文所述的文教、武教师公以及梨园正教傀儡师，他们在法事科仪中融入了奶娘传奇，给浓厚、神秘的宗教氛围平添上几分轻松、活泼的戏曲元素。其演唱地点一般在宫庙祈福醮筵或需要禳灾的病家。

还有一种是游艺俗唱本，演唱者是行走于乡间的职业游艺师，他们以别出心裁的民间艺术形式表演奶娘传奇，给稍微偏僻的山村带来欢笑与愉悦。这种表演形式主要流行在福安北部的山野聚落。

在界西里西洋范坑村一带盛行"驼爬栏船"游艺活动。"驼"是福安俗语，即肩扛；所谓"爬栏船"，是一具木制船形的小神龛。"驼爬栏船"指游艺师肩扛神龛走家串户，演唱奶娘传奇。船内立着泥塑或木雕的奶娘微型神像，神像前有小香炉。船下拴入一根一米长的木条，方便游艺师扛在肩上行走，也可作为爬栏船置于地上的支撑物。船边悬挂着许多色彩斑斓的小绣花鞋，此物多属信奉奶娘的信女们原创，是献给临水夫人的虔诚礼品。持船的游艺师每到一家，便将船"撑"之于厅堂的八仙桌上，且扯开嗓子，声情并茂地演唱《奶娘咒》、《奶娘经》等。他们也兼行卜问卦，为有喜的人家添加喜气，给有烦心事的户里消除烦恼，祝颂平安。农闲时，游艺师的"爬栏船"所到之处，总会有三五成群的农家妇女跟从倾听，寻得乐趣。游艺师所得的报酬并不丰厚，仅仅获取几角钱或一盅米作为答谢。

另一种更为流行的游艺活动是"挑佛人仔担"，它曾遍及闽东北山村，尤以福安界西里西洋半坑村最为盛行。所谓"佛人仔担"指的是担子一头设小神龛，一头是装衣物的箱笼。小神龛为亭子状，神龛里供奉着奶娘、观音等神像，并放置香炉与油灯。游艺师巡游于乡间，每临一家，便将神龛放置于前屋，各家点燃三炷香火，施舍一杯或半升大米，请游艺师演唱

◎ 苏堤后宅夫人宫

《奶娘咒》、《观音经》等，每户约唱一个时辰，如有好事者则延续到半天，游艺师便留在东家屋里吃便饭。

"驼爬栏船"、"挑佛人仔担"等乡村神俗，年代久远，史迹无考，此类奶娘游艺活动充满山野气息与民俗意味，对福安陈靖姑信仰的传播有着很大的推动作用，也直接促进了更具宗教色彩的闾山梨园正教傀儡戏《奶娘传》的普及。曾几何时，这类神职艺人遍布乡里，颇受欢迎，现今渐已悄无声息，终成绝响。

闾山梨园教傀儡戏《奶娘传》，又称《平妖传》，是前文已经叙述的师傀儡六洞剧目中之重场戏，即临水洞《奶娘传》。早年尪师傀儡的法事范围仅限于中小型法会，所使用的提线木偶仅有十八身。随着村庄大型清醮的需要，十八身傀儡已无法满足演出的要求，便发展为二十四身木偶，寓意"二十四诸天"。嗣后随演出规模的扩大，又发展到三十六身木偶，寓意"三十六天罡"。在福安，有三十六身木偶的傀儡班，被称作"神戏大班"。

在三十六身傀儡中,有七身是神戏中的戏神,又称为"神头",是作为祭祀傀儡神坛中的镇坛之神,不能作为普通的傀儡神戏木偶在普通的剧目中使用。这些傀儡神头,平时被当作神明,供奉在秘而不宣的傀儡神龛中,仅到了出演《奶娘传》或《华光传》时,方可登坛出演。七身神头包括奶娘官身、奶娘法身、华光官身、田都元帅官身、老坛爷、千里眼、顺风耳等。另二十九身木偶分属于生角、旦角、净角、丑角、外角、杂角、夫角、贴角等傀儡戏角色。

奶娘官身着凤冠霞帔、红袍玉带,尽显周身华贵。每次神戏开坛,奶娘神身与五显华光神身都威坐于众圣神坛,尽享人间香火。在具体的《奶娘传》专场中,当奶娘受皇帝敕封与神戏终场大团圆场景出现时,奶娘便华彩登场。每天在演出的中场休息时,奶娘神身就坐镇神龛,供人祭拜。奶娘法身头系法巾,身穿绿袄红裙,手执铃刀、龙角。此身傀儡在《奶娘传》中陈靖姑行罡作法、镇魔收妖的场景中出现,同时和奶娘神身一起,作为神戏开坛时的镇坛之神。

《奶娘传》作为闾山梨园正教的重点剧目,成为闾山教法事操作系统的组成部分,频频出现于闾山夫人教醮仪中。与其他普通的傀儡戏剧目不同,除了道坛醮仪与家庭法事之外,《奶娘传》是不能在平时的傀儡戏中轻易上演的,而且,在开演之前,傀儡师要身穿法服举行"开台"的法事仪式。其仪式内容包括存变戏台(神坛)、讳字洒净去秽、藏身、请神、上疏、出煞、安神等一系列法事程序,之后神戏方可开场。

这种属于梨园正教的内坛科仪是神戏不可或缺的一部分,据说是为了醮仪的安宁与演出的安全而创设的必要演出环境。因为,神戏的出演会招致邪恶的鬼魅,而神戏里也存在许多妖魔,如不举行这样的法事仪式,势必造成傀儡师提心吊胆提演,观众惶惶不安看戏,神戏便无法达到预期的效果。

神戏是穿插在醮仪中演出的。除了正日白天法事外,一般是上午醮仪,下午与晚间演戏。演戏其实也是科仪,每本神戏都是道法科仪,二者兼容,相辅相成。每本神戏终场,傀儡戏台都要架起众圣神坛,供奉镇台傀儡，包括上述奶娘官身、奶娘法身等。这时，傀儡师身着法衣，仰天吟诵："天开开、地开开，通天圣母坐高台。通天圣母坐高台，驱遣下道出外方……"

神戏演出与法事科仪一样，都会有善男信女的参与，如当戏中演到陈靖姑斩杀蛇妖的场面时，福首在台前焚化纸钱送鬼，并鸣放神铳驱鬼。而当戏中演到陈靖姑出嫁、被赐封神灵时，福首与观众纷纷在台前上香、施放喜炮，以表喜庆。

《奶娘传》演出期间，还不时掺和着许多人的求子、求财、求喜、求寿的许愿与还愿活动。家中有幼儿犯病者，甚至在台前行"请婆神过关"仪式，届时，奶娘官身或法身木偶，以及其他相关木偶都要簇拥着过关病儿的衣饰，行过关法事。

神戏终场，意犹未尽，还要举行"送客"、"送神"等一系列科仪，特别重要的是要有一出《田公扫台》，即延请田都元帅驱尽台前台后、台上台下的妖魔鬼怪，以确保傀儡坛与乡村的安宁。

总之，神戏是法事的再现、延伸与补充，二者彼此关联，交相映衬，天上人间，遥相呼应，亦戏亦法，彼此交融。神戏与法事之间，自然过渡，没有丝毫的跳接与割裂的人为痕迹。梨园正教的傀儡戏《奶娘传》的确是一种非常奇特的文化现象。

《奶娘传》在畲族乡村流行别具特色。所谓的畲族小说歌，即属于畲族叙事歌谣的一种，主要是畲族文人将汉人话本、小说的故事改为长篇的畲族歌言。小说歌有《山伯英台》、《孟姜女》、《孔明借东风》等，《奶娘传》便是其中的一种。

现今海峡文艺出版社出版的《闽东畲族歌谣集成》选入了《奶娘传》，七言全本共104行。据该书介绍，最长的《奶娘传》达2000多行。在畲村习俗中，传唱畲歌、传抄歌本是普及乡村教育的主要手段，畲族人称为"歌教"。不同版本的《奶娘传》经畲族男女盘歌、日夜轮唱，曲折生动的故事情节脍炙人口、老少皆知，覆盖着福安畲族的村村寨寨。

总之，福安是福建畲族的最后迁徙地与最主要聚居地，这里的畲汉两族民众有着较为和谐的经济、社会、文化生活，其中也包括民间信仰、神灵崇拜在内的宗教生活。因此，我们可以认为，福安畲汉民众，在同一时间与空间下，共同建构与发展了陈靖姑信仰文化。

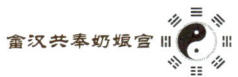

辒轩之采涉"奶"俗

中国古代使臣出巡时乘坐的轻便轿子称为辒轩,随着交通工具的进步,辒轩后来成为了抬神出游时的专用轿子。在闾山教巫师的科仪典籍中经常将奶娘简称为"奶"。"求奶"、"拜奶",就是指祈求奶娘、膜拜奶娘。福安人求拜奶娘最重要的环节就是用辒轩抬着奶娘在城市的大街小巷出游。福安当地土话将母亲也称为"奶"或"娘奶"。作为母婴的保护神,临水夫人的主要神功是护胎救产、保赤佑童,在普通百姓的眼里,奶娘与娘奶一样亲近与崇高。民间关涉临水夫人的信仰习俗,即涉"奶"信俗,林林总总,内容丰富、形式多样,涵盖了福安人的社会生活、劳作生产、人生礼仪、岁时年节等。奶娘信俗于 2008 年 6 月被国务院纳入第二批国家级非物质文化遗产名录。

关于奶娘的祈子习俗,有一个美丽的传说。在古田县临水宫前有一座百花桥,桥下开满了红花与白花,看守花园的花婆,总爱将红白花朵送给路人,赠花即意味送子,红花代表女童,白花象征男童。百花桥、红白花的观念在福安流传深广,位于钦德里十九都苏堤村的藻缠夫人宫内,主祀三奶夫人的大殿楹联上,书写:"临水宫中度男女,百花桥上赐麟儿。"

闽东祈子古俗多在奶娘宫中进行,出嫁未孕的妇女进香奶娘宫,从三奶夫人神像前的供花中取回一枝返回家中,愿早生贵子,人们谓之"请花"。供花两种花色,红白相间,在重男轻女的时代,白花更吸引香客。奶娘宫中还备有小鞋子,人称"夫人鞋",求女孩的鞋子放在右边,求男孩的鞋子放在左边。女信士燃香祈求,将选定的一只鞋子藏在肚兜里,回家供奉,直至生子,俗称"请鞋"。有的人家求子心切,特地请巫师来家中作"求子疏文",行闾山夫人教法术,让愿望成真。

◎ 正月请奶娘

　　胎产过程中，人们不忘求"大奶"保佑。从保胎到临产，虔诚的信士们在家中安置奶娘神像，初一、十五焚香膜拜。孕妇如有身心不适，便忙坏了一家人。家人会延请巫师作为凡人与奶娘的中介，祈告"大奶"保佑孕妇身体康健、安胎顺产。为了孕妇生产的安全，家人会到附近的临水宫去向奶娘许愿，一旦婴儿顺产，便再去香临水宫还愿。闽东古俗，若遇孕妇临盆难产，家人会请闾山梨园教傀儡师来家里提演傀儡戏，请奶娘发兵驱邪避煞，为孕妇铺设母子平安的通道。

　　婴儿诞生后三日，行"洗三旦"的礼俗，以菖蒲、艾叶熬成汤水为婴儿洗浴。在家庭香火榜上燃烛烧香，答谢临水夫人等诸位神灵。婴儿满月后剃头，事主除设家宴宴请亲朋外，还备酒席上奶娘庙酬谢奶娘，有的人还请来闾山夫人教师公施法术，为婴儿过"弥月关"。为了确保儿女成长过程能路路畅通，事主在祈请三奶夫人赐福消灾时更是殷勤。

　　民间认为新生儿娇嫩难养，便将幼儿寄托于三奶夫人名下，收为神灵谊子，寄名之俗多限于男婴。届时，事主选一个黄道吉日，请师公撰写疏文，为男婴取乳名。因是三奶夫人的谊子，便在乳名中添加"奶"或"乃"字，如"李奶明"、"吴乃住"等。因三奶夫人分别姓陈、李、林，有的乳名中会嵌入三奶的姓字，如"张陈言"、"宋李树"、"刘林主"等。

　　从幼儿长到十六岁成年，临水夫人信仰中最关键、最频繁的孩童保护措施是举行"过关"仪式。闾山教认为，人生有"三十六关煞"，包括"百日关"、"千日关"、"夜啼关"、"四季关"、"阎王取命关"、"鬼门关"、"落井关"、"断桥关"、"金锁关"、"浴盆关"、"天吊关"、"天狗关"、"白虎关"、"断肠关"、"雷公打脑关"等。关关严峻、凶险。古代在奶娘信俗区，几乎人人都有延请尪师做"过关"仪式的经历。特别是"百日关"、"度厄关"、"保童关"、"龙门关"、"长寿关"、"太平关"、"成人关"等重要"关口"，则非经历不可。至于其他"关煞"，则因各人的生辰八字不同，而作明智的选择，即选定"三十六关煞"中的有关部分，予以减除。在"过关"仪式中，都必请三奶夫人以及所属的"三十六婆神"下凡来斩断关煞。民间为了更加慎重，有的家长还举行"戏筵过关"，即在宫庙戏台前提演闾山梨园教傀儡戏，师公以《禳关引》、《过关疏文》、《奶娘关符》等符咒文书，通过戏偶神祇，劈斩"关煞"。

　　在人生礼俗中，福安畲汉陈靖姑信仰地区，古代都有妇女十八岁、二十四岁不出嫁的禁忌习俗，忌年出嫁会有"十八难"或"二十四坐化"。据民间传说，陈靖姑十八岁时因为除妖佑民，一再推迟婚事，而二十四岁时陈靖姑已有三月身孕，仍驾云执剑镇白蛇精、长坑鬼于临水洞，因未学救产的法术，不能自救，遂坐蛇头而化，故二十四岁为她的忌年。

　　在陈靖姑信仰圈的生活生产习俗中，处处可见奶娘神迹。每年正月村落的清醮道场，在宫庙内香烛高燃，师公施法，踏奶娘行罡巫步，载歌载舞，祈求福祉。村民抬出奶娘神辇巡游村落四境，以保四季风调雨顺、五谷丰登。

　　过去村落祈雨、平风、驱瘟、除虫都得在奶娘宫庙中举行，其中"求奶祈雨醮"最为隆重，一般需历时三到七天。仪式由数名闾山教师公行持

法事,师公龙角齐鸣、信众神铳开道,大队人马赴奶娘宫祈"奶"圣火。在祈雨仪式的《旱厄法书》中,巫师先复述陈靖姑生平,并特别交代她赴闾山学法的经历。之后,巫师说明自身法力有限,"巫流慌乱法不灵",遂特"奉请临水护国娘……祈晴祷雨法高强。"接着吟唱奶娘梳妆打扮后"踏罡布斗青天下,五方神兵依法行,左手牵云来遮日,右手布雨济禾苗。"巫师边唱边行奶娘踩罡舞步,凭借奶娘法力襄助。有的村落在空旷的地方叠起九张八仙桌,即为搭"九层洪楼",师公在洪楼上演绎"夫人法",布施"奶娘醮",以祈玉露甘霖。

福安山地有一种草药称"夫人草",传说一位村姑在砍柴时不小心被毒蛇咬伤,正当无药可救时,一片祥云降临,陈靖姑步入山林,随手拔出一丛野草,赠予村姑,村姑敷后,红肿顿消。这种草就被命名为"夫人草"。

在岁时节俗中,处处显奶娘神迹。正月十五元宵节前,福安西部迎神集市极盛,钦德里十八都穆阳缪姓、十七都卓家坂王姓、十九都沙坂林姓分别于正月十一日、十三日、十四日,举办规模盛大的游神仪式。他们都在仪式的前一天,前往古田县临水宫祖庙,接香火请奶娘回乡巡游。缪、王、林三姓的游神队伍招摇过境,各显神通,各出妙招,争奇斗艳,尽显风流。此俗延续至今,规模递年增大,人众逐岁增多。连续三天的三姓游神,再加上正月十五元宵缪仙公祝厘道场的隆重场景,人们神清气爽,大饱眼福,尽享神恩。此时,不仅行商坐贾忙得不亦乐乎,就连穆阳四周的乡村百姓都挑着山货柴火相拥到穆阳街道。游神人马所到之处,人们叫卖的吆喝声、接踵的脚步声、痴狂的呼喊声、开怀的欢笑声,把偌大的穆阳市镇燃烧得红红火火。

畲族乡村涉及奶娘的习俗颇多。他们也有与汉人相类的孩儿"寄名"、"过关"等习俗。除此之外,还有独具民族特色的奶娘信俗。农历正月十四日,畲村称为"奶娘节"。供奉奶娘神像的畲民,通常在这一天致祭。并每隔一二年到古田县临水宫请一次奶娘,迎神场面隆重庄严。有的畲族乡村在正月五日(初一至初五)迎祭祖宗,附祭奶娘。

畲村有一个重要的成丁礼仪式,即畲家子女年届十六,必将通过一种特殊的宗教祭祖仪式,由家庭成员"入录"、"度身"转为宗教成员,仪式称为"奏名传法",俗称"做序头"、"传师学师"。传师学师仪式依祖传经文《卷头本》规定的程序内容进行。传师学师有60多个主要程序,须三天三夜完成。按照《申名奏职目录三日三夜道场科文》,每个时辰的仪式中都有"招兵"情节,即召集"日看阳间兵,夜营阴间兵"来驱鬼请神,这个程序贯穿在仪式的整个过程。如"第一日……六曹齐全,招兵三次……""第一夜……行铃刀罡,告神烧追鬼谍。排兵、点兵、发兵……"三天三夜都重复招兵情节。招兵过程中以《招兵科范》的唱词为本,内有"招转三位奶娘夫人,手下兵,手下将,手下兵马万万人,是夜今时吾召转。"《闽都别记》上说,奶娘带的是女兵。由此可见,三奶夫人还具有军事才能,是文武兼备的神祇。同时,仪式进行到第三天,巫师向受法录入的人演示当年奶娘在闾山学法的经历:"一声鸣角报闾山,直透闾山法主法殿前。闾山法主亲手度,诸般法术奶(奶娘)学来。第一学得行符并咒水,第二学得水上行罡像洋坪(平原),第三学得催生并起土,第四学得忧产救妇人,第五学得千斤坠,第六学得穿山破庙斩妖精,第七学得救男救女多感应,第八学得祈雨雨霖霖,第九学得飞沙走石法,第十学得路迹鬼骨炼成人。"奶娘在整个宗教祭祖仪式中分量很重,在畲族巫师眼中,她既是招兵过程中一支兵马的统帅,又是传法受录者学法的楷模。

"正落马"科仪是畲族闾山教巫师专门的法事,是为年届六十以上体弱多病的畲族老人祛除疾病、延年益寿而做的。巫师在病人家中设坛,置放斗灯,内燃七星灯。闾山师公在病家床上罩上一张旧网,随之,口念咒语将网线按东南西北中五个方向剪开烧毁,意味着病人正撑破了病灾控制的罗网,摆脱了各路鬼魅的凶险。同时,师公将七星灯交予七人传递到病人床前,并用畲语反复吟唱:"移星斗,斗移身,移星转斗保病人。"七星灯燃放七天后方可撤去。

平时闽东汉族村民请畲族巫师施行法事时,畲族巫师都会用当地汉族方言吟诵。唯独在畲族村落才会使用上《师爷歌》。《师爷歌》是畲族巫师以畲语演唱并有别于在汉区施法的主要段落。师爷,即坛神,一般由畲族

族内神担当。在请十二位祖师神、十二位本师神中,也必须请陈大奶娘、李三奶娘、林九奶娘,作为香火祖师、香火本师。此刻,三奶夫人已经具备了作为畲族内部神灵的资质。

以上各类信俗中,有相当内容带有宗教色彩,随着社会进步,人们的崇神观念有了变化,有的信俗已经渐渐消亡。但有些信俗却方兴未艾,愈演愈烈。如福安西部的正月游神风俗,便属此列。

咸水淡水阿婆庙

妈祖，在福安称为"妈祖婆"，或者直呼"阿婆"，因此，"妈祖庙"也称为"阿婆庙"。相传，妈祖生于宋代福建兴化湾湄洲岛上，刚生下时不哭不闹，因而取名为"默"，小名"默娘"。林默娘生前是一个女巫，因施法灵验，羽化后被神格化。自北宋开始，乡人建庙祭祀她。随着时间的推移，妈祖信仰的影响自兴化湾逐渐波及东南沿海。以至于妈祖庙遍及天下，而福建省特别兴盛。

妈祖信仰与海洋文化息息相关，其影响力也超出了中国的版图，扩展到海外，在异域的华侨与华人中流传，民间有"有海水处有华人，华人到处有妈祖"的俗语。

水云仙府福安道现

官方祭祀妈祖婆

宋起迄清,历经一千余年,历代皇帝先后五十六次册封妈祖,封号由二字累至六十四字。爵位由"夫人"、"妃"、"天妃",至公元1684年,即清康熙二十三年,诏封为"天后"。康熙五十九年立庙京师,将祭祀妈祖列入国家祀典,举行春秋二祀,包括农历三月二十三日妈祖诞生日春祀与九月初九妈祖羽化升天日秋祀。到了公元1733年,即雍正十一年,皇帝御赐匾额,命令沿海各省一体修葺坛祠致祭。公元1869年,即清同治八年,朝廷敕封金、柳二神位为妈祖的护卫将军,为妈祖察听世情,并一体附入祀典。民间对这两位大驾前护卫神加以精妙的构思,分别称"金精将军"与

◎ 妈祖造像

"水精将军"。前者是左手持方天画戟,右手举至额前做远视状的千里眼;后者是左手持月眉斧头,右手举至侧耳作听音状的顺风耳。同治十一年加封妈祖"嘉佑"二字,公元1875年,即光绪元年,又增"敷仁"封号,自此六十四字封号永成定制。由此可知,清王朝对妈祖信仰的推崇是最为给力的。

福安的妈祖信仰,地方官员的推波助澜至关重要。公元1685年,即清康熙二十四年,东北辽阳监生徐必遇任福宁知州,他赴任时,取道海路,遇雾迷航,幸得福宁州沙洽(今霞浦沙江)渔村妈祖庙的天后灯的指引,才化险为夷,安全到达闽东。沙洽天后宫建于清初,建筑恢宏壮观,传说有三座戏台、三十六个天井。徐必遇逢妈祖神诞日必祭拜沙洽天后宫,之后馈赠神牌一面,正面署"敕封护国天上圣母神位",背面署"大清康熙庚午年(二十九年,公元1690年)福宁知州徐必遇敬叩",此神牌保留至今。后来,沙洽渔村延续多日的天后祭祀中便增添新的内容。即在每年三

◎ 龟湖山天后宫

月二十日至二十六日的"阿婆巡海"中,加上二十一日"迎老爹"的场景,"老爹"即指福宁知州徐必遇。

在清乾隆《福宁府志》的记载中,知府李拔将妈祖说成五代闽王王审知的统军兵马使林愿的六女儿。其生而神灵,咸知休咎,常常乘席渡海云游岛屿间,人们直呼"神女",或者称呼"龙女"。妈祖羽化后,人们常见她穿着红色礼服,在水上云游,保佑渔人舟子。光绪十年的《福安县志》给妈祖以异乎寻常的礼遇,运用超乎常规的文字量,极为详尽地记载了历代妈祖册封的全过程与福安县域内城乡鼎建天后庙的诸端事宜。

公元1734年,即清雍正十二年,福宁升州为府,人丁兴旺、民生富足、商贸互通、人流互动,闽东各县的交往更加紧密。四年之后,公元1738年,即乾隆三年,按照惯例应该祭祀天后的旨意,再次由乾隆皇帝昭告天下。福宁府、福安县的地方官员们便闻风而动,更加热衷于妈祖庙宇的建设与妈祖的祭典。于是,在乾隆六年,福安知县萧佺在福安城内鹿斗境的龟湖山上主持建起了第一座妈祖庙,同时,也引导诱发了民间一浪高于一浪的妈祖信仰狂潮。官员的倡导、民间的呼应,百姓们便都给了妈祖一个亲昵的尊称"阿婆",民间也纷纷建起了阿婆宫庙。乾隆《福宁府志》记载了阿婆宫庙中祭祀阿婆的盛景,书中说闽东妈祖宫庙虽然规模不大,不能与大宫观相比,但每逢妈祖诞日,不论城乡,少长咸至,供献丰洁,冠履杂沓,诚诚恳恳,毕恭毕敬。

乾隆十六年,知县陈良士下令将位于福安仁风里著名的狮峰寺田亩划拨给龟湖山妈祖庙,以资香灯。同年,福建巡抚潘敏惠巡视福安水灾,登龟湖山,参观天后宫,颇有感慨,对随行的官员说天后是水神,她所居住的地方应该在水滨,是否考虑选择靠近河边的地方再建妈祖宫庙。随后,以监生陈遇隆为首事,组织起了以监、贡二生为主体的当地文化人的捐资团体。至乾隆三十四年,所捐银两购得田园,以兑换天马山天堂庵田垄为庙基,建成溪口妈祖宫,并买下临近山地,留下绿树,以卫庙宇。乾隆三十七年,宁德县龟山寺的和尚捐二十八都地方田地60亩,以助香灯。同年,知县白岐即册立案,并在庙门口刻碑以作凭证。

清代国家祀典有"大祀"、"中祀"、"小祀"之分。"小祀"即"群祀",《康熙会典》规定,将妈祖海神列入"群祀"范畴,并附以专门祀典。"群祀",即指祭祀所费银两不列入县衙开支,纯粹由民间捐助。通俗点说就是,官方主祭,民间埋单。光绪《福安县志·田赋》在本县每年官银"存留支给"中,将官方祭祀的开支作了明细账,即文庙春秋祭祀,银五十三两三钱二分。武庙祭祀,银十八两。山川、社稷各坛备祭,银六十九两八钱八分。文昌庙春秋二祭并增寿诞,银一十八两,此中不见官银用于天后祀典。为了天后宫有一笔固定的资产来维持祭祀资费,乾隆二十二年知县黄彬批准了福安庠序士子与行商坐贾的捐助银两取赎位于仁风里的慈云寺、黄澜村等处田亩,以供祀典。其事镌刻于清乾隆二十二年八月的《天后宫祀典田亩碑记》,如今碑石仍树立在龟湖山妈祖宫内。

光绪《福安县志》记载了"祭天后礼"的全过程,标明岁春秋仲月,择日祭拜,敬献豆馨,希神庇佑,海晏河清。届时知县亲率所部致祭天后,祭文中多是"主宰四渎,统御百灵,海不扬波,浪静风平,舟航稳载,悉仗慈仁"等字眼。此中妈祖神灵功能显而易见,即祈盼妈祖祥云能徜徉于福安咸水与淡水之间,护佑黎民百姓行船泛舟的稳固安全。

由于妈祖婆地方性的官祭始于清代,祭拜天后的礼仪不怎么规范,统一的仪轨仍未出台。因此,福安祭祀妈祖"无成案可核",在咸丰、同治年间别有更改,亦"未知何据"。光绪《福安县志》的祭祀之则,仍旧按照当时《清通志》中"群祀"的基本通则进行。

阿婆走水平风浪

妈祖信仰的地理空间往往与海浪江波紧密相连。福安妈祖婆信仰的巨流，除了地方官员的有力推动外，民间对妈祖信仰的推波助澜，也起着至关重要的作用，其递进的次序是由咸水区推及淡水区。

妈祖信仰直接的推衍来自邻县的霞浦，霞浦县是福建省典型的沿海县份，如今，其海岸线为全国最长，其妈祖信仰的历史积淀深厚，影响深远。

◎ 清光绪《福安县志》海图

咸水淡水阿婆庙

◎ 浮溪村妈祖宫

渔村谚语说："海水没门限（门槛）"、"行船走马三分命"。出海吉凶莫测，渔季丰歉难定。渔村伴海为生，大海决定渔人的命运。宋代便接受妈祖文化的霞浦渔人，奉妈祖婆为"海神"，鼎建阿婆宫庙，祈求获取海神妈祖婆的全方位庇护，这些已然成为他们不可或缺的精神生活。在某种意义上，渔民是妈祖婆信仰最为必需也最为虔诚的人群。

如霞浦竹江岛渔乡，其环乡皆江，"舟楫往来，直通四海而遥"。岛上主要居住张、郑、陈三姓人家，他们以水为田，春冬则拾蛤、蛎资生，夏秋则捕鱼为业，乡中小康殷实之家，多事诗书外，又朝环海的福安、宁德、罗源等县的沿海区域购置滩涂、田亩，补充家资。从此，竹江渔人之家的精英人物便自然而然地演变成了鱼行巨商、海边地主。据当地渔家的传说，竹江一家鱼行里存着的铜钱堆积如山，有一天管家不小心被铜钱堆吞没，活生生地被铜钱压死了。随着田产海涂的拓展，竹江渔人中有移居到闽东沿海各县的，还有的人在新买的田地、滩涂上，进行季节性的耕山、

钓鱼、利市，他们的足迹也曾覆盖福安县秦溪里与秦东里等沿海都图的部分村落。

小小的竹江岛建有两座妈祖庙，延续至今。岛屿前澳天后宫，为姓张的家族所建，其后殿、前座分别是明清两代的建筑。后澳天后宫，为姓郑、陈的家族所建，始建时间不详，重修于清嘉庆年间。渔村祭祀天后的活动定在每年春三月天后神诞日，这是沿海渔事活动中特殊而必要的安排，是一年中安澜和丰盈的企盼。各色渔村祭祀天后有不同的方式，闽东最著名、最典型的祭祀活动有竹江渔村"阿婆走水"神俗，其活动富有表演性和娱乐性。

民国《霞浦县志》说，竹江渔村天后神诞报赛日，渔人等到潮涨的时候，抬起阿婆神舆沿海流而走，行至沙垅水浒的地方，接舆向水面放落，旋复抬起，上下起落，如是三十六次，叫作"安澜"，象征波澜汹涌，借神力以安之。反复三十六次，则代表一年三百六十日。渔村祭祀妈祖，不惜重金，尽心尽兴，娱人娱神，富有象征意味和戏剧效果，神俗传播四境，感染着包括福安沿海在内的闽东渔村。

清代福宁知府兼理海防，闽东之东南襟带大海，西北控扼崇山，重关天堑，福建门户，千里海疆有着较为完备的防御系统。闽东沿海由各营把守，岛屿派定船只，以备将带领，常年巡守，各汛以部将领汛兵游巡。距离郡城百余里的东冲口，是闽东门户的最前沿，若船只随潮入口，则东抵霞浦盐田，西至宁德飞鸾，北由白马门经白石司抵达福安。这里最为要冲，便设福宁镇标千总带兵防守。东冲口内白匏山为霞浦、福安、宁德三县的交界处，不设塘汛。自白匏山入白马门即为福安白石司（今下白石镇），也为次要冲之地，设巡检，领汛兵防守。

按闽东沿海治安条规，准许渔舟、商船一体往来。想要出海的船只，将十船编为一甲，取其连环保结。一船有犯，余船尽坐。出海船只刊刻字号，各标巡哨营船，以备哨船巡查。舵工、水手各携腰牌，上有姓名、年貌、籍贯等。如船无字号，人有可疑，即行究拿。

总之，活动于闽东大海的主角是官军、渔人、商贾。他们往来于江海之间，都知道流行于台湾海峡的神话，即康熙年间海神妈祖帮助清军水师提督施琅收复台湾的故事。施琅将军的每一个战役与每一次调防，几乎都能得到阿婆的显灵护航。他甚至特请一尊妈祖神像奉祀在船上，等待乘风东渡台湾。民间还流传妈祖"澎湖助战"的故事，指清兵强攻澎湖七天七夜，妈祖神涌潮济师，并派了千里眼、顺风耳二神将助战，终于攻克澎湖，统一台湾。福安咸水区军民公认，妈祖是护航济军的海上保护神。于是，建于沿海的众多阿婆宫庙，都见他们捐地捐资，出工投劳。

清代福安咸水区秦溪里白石司（今下白石镇）建有两座阿婆庙，即上天后庙、下天后庙，是军民捐资助建的产物。一处在崎后，一处在上街。民国时期，上街天后宫被大火烧毁。崎后的天后宫毁于何时，无法考证。1982年，人们在下白石镇西向山麓建起林公忠平王宫，宫内分三个神龛：中间为忠平王神龛；左边为妈祖与临水夫人神龛；右边为里域神林四使爷

◎ 位于咸水淡水交界处的赛岐港

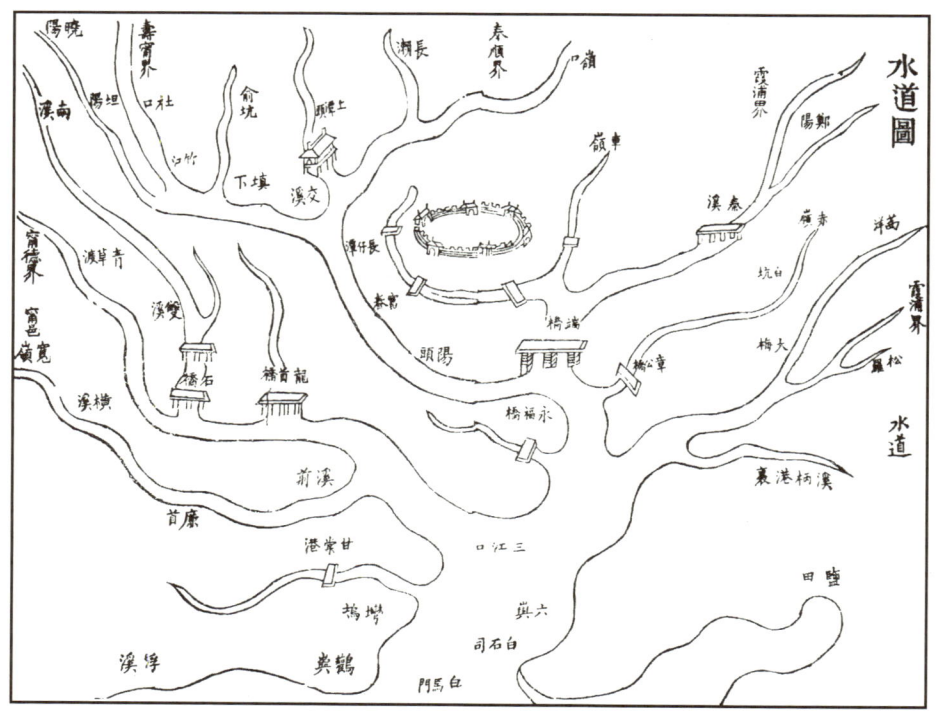

◎ 清光绪《福安县志》中水道图

神龛。据村民介绍，宫里的妈祖神是从原村里移来崇祀、朝拜的。从宫内的楹联与锦旗中，可以看出妈祖的神灵地位是不可或缺的。

如今的咸水区湾坞乡浮溪村妈祖宫是现存最早的福安乡村阿婆庙。现存妈祖宫为清代建筑，坐北朝南，宫四面为空斗墙，整体为单檐硬山顶砖木结构，宫正门左右为圆门，左右角上方为小照墙，正门上方有泥塑卷书型人物画。步入宫内，依次为戏台、左右环楼、天井、神厅、神龛。整体建筑是传统汉式宫庙结构，神龛主祀妈祖，左右陪祀有陈、林、李三奶夫人和忠平侯王。特尊临水夫人是闾山学法仙人。戏台上八角藻井彩绘有妈祖生平图。因年代久远，图文已模糊不清。神厅前卷棚完整无损，整体虽陈旧，但梁间木质雕刻人物、花卉，具有一定艺术保护价值。宫内现存神龛前三件连体莲花覆盆式石炉，中镌"成化十五年（公元1479年）王祯祥喜捐"字样。戏台顶悬挂黑底金字木匾，落款有"咸丰庚申年（公元1860年）重建"字样。该宫每年定三月二十三日为妈祖神诞节，一切供礼、许愿都在宫内举办。宫里主事在节前发出告示，家家户户自愿捐款，由宫里负责人统一筹办全猪、坛酒、粿糕、米面、水果供妈祖，通称供大福。并请道士诵读疏文，祈祝全村万事亨通，渔业丰收，生活小康。也有户主作疏文、供福礼，至中午散福，由宫里办几桌酒，村民一道聚餐。旧时还延请吹班，举神戏，热闹非凡。

  处于福安咸水区的阿婆庙还有清代沿江里新安境的甘坪妈祖庙和乌山洲妈祖庙。甘坪妈祖庙始建于公元1693年，即清康熙三十二年，为村中主姓刘氏族人鼎建。初建时，面积很小，由于求者如愿，供敬日增，于公元1846年，即清道光二十六年，曾做改修，并重塑阿婆金身。至公元1894年，即光绪二十年，又加以扩建，共前后二座，中隔天井。1930年庙宇崩废，信众便在空坪上设祭阿婆。当时每逢新正，香客接踵。1996年新庙落成，庙宇依次为戏台、天井、众厅、左右回廊、大殿、神台等。该宫庙原来仅祀阿婆，由于五显帝、三奶夫人等神仙的庙宇先后在20世纪60年代后期被捣毁，信众便将五显大帝、临水夫人神像请入妈祖庙，一并奉祀。甘坪阿婆庙的妈祖神龛，为重檐歇山顶楼阁式，妈祖神像端坐在正中位置，左右分别为五显大帝、陈靖姑的神像。每尊神像的前面，都设有精雕细刻、红底描金的香亭和供桌。楹联为："神开天眼明镜普察凡人之恶善，圣道大觉无边已知众生因果缘。"阿婆庙修建后立有《甘坪妈祖庙碑记》，言辞灿烂，记叙了甘坪妈祖宫的沧桑之变。每年的农历三月二十三日，村里信众都要请戏班演神戏，庆祝妈祖圣诞；每三年信众都要到湄洲妈祖祖庙敬香，接妈祖香火回来。这一传统习俗由来已久，每次前往的人数，少则百来人，多则三百人。宫里元月十九日为临水夫人的神诞日，例行一系列的庆典活动，俗称"十九敬烛"。

  乌山洲妈祖庙是福安唯一的疍民神庙。疍民，又称连家船民，是福建、广东内海咸水区域的水上居民，相传为闽越族后裔。他们常年以船为屋，以水为田，捕鱼为生，与大海、风浪相伴，福安当地居民称之为"曲蹄"。

乌山洲是与甘坪村隔江相望的小岛屿，来自闽江流域的疍民多在此泊船停靠。立于乌山洲的清道光六年《立碑示禁》石碑上，镌刻了福安知县浙江会稽举人章复旦的告示。碑文陈述了翁、刘、郑、连等诸姓疍民来自闽清县，他们多年在赛江流域打鱼放网，其权益应得以保障，严禁乡绅以及沿江强徒无理勒索。乌山洲阿婆庙建于清代，疍民常上岸进香。他们不仅在陆地祭拜妈祖，还在自家船上专设妈祖神龛。由于原有的木构建筑日趋破败，信众于2000年集资重建妈祖庙，妈祖庙为硬山顶两面坡砖混结构，规模很小，面积不足10平方米。庙里除了主祀妈祖阿婆外，还陪祀上八塔夫人、下八塔夫人，金家塘金家明皇、李家塘李家明皇，水母娘娘等疍民渔户的特殊神灵。

江海集市妈祖情

明万历年间（1573—1620），福安集市仅有三处，到了清光绪年间（1875—1909），福安集市增至二十四处。除了七处集市在福安城内外，其余的集市大多分布在福安县域的多条水系之间。同时，随着处于咸水、淡水交汇处的赛江集市的逐步兴隆，以之为依托，福安便逐步成为山货、海货在闽北腹地与闽东诸县流通的枢纽。只有海疆道路畅通了，海神才有登陆的可能。妈祖不仅是江海之神，而且，借助妈祖之灵，江海之利，促成了商贸物流的便捷与贯通，日益发展的近代商业社会也将妈祖尊为了商业保护神。人们普遍认为，妈祖阿婆能为商人们的市场进取保驾护航，使商人多获商机，广开商路。在千百年的封建时代，妈祖阿婆不仅属于海河经

◎ 穆阳溪

济，也属于商品经济。因此，阿婆庙的拜谒与鼎建，也成了福安咸水区与淡水区商人们精神价值的共同取向。随着福安各都图沿江集市的递增，其江海之滨的天后宫鼎建也相继而成。

明代，秦溪里三十四都黄岐镇市是福安咸水区内唯一的大集市。其位于福安临海的三江口，地理位置险要。黄岐镇市历史悠久，自古即为官家税场，可追溯到唐代之前。充斥黄岐航道的是大宗的官盐与有限的水产，偌大的白马门黄岐集市始终存在着手握盐引的官员与秘密贩运私盐的商贩之间的长时段博弈。在刀光剑影的冷兵器时代，官厅与私家都借助十余只哨船的有限力量，出没于明波暗流之间，演绎着自宋、元、明、清以来就有的缉私与反缉私的曲折故事。加之，明代福安沿海海盗猖獗，朝廷为靖海安民，于公元 1505 年，即明弘治十八年，将原位于界西里七都的白石巡检司移至黄岐镇市，由汛兵把守，以加强防务。清代，黄岐集市鼎建

◎ 穆水天后宫石碑

了上天后庙与下天后庙，附近军民时常在此敬拜妈祖阿婆，因为上下天后宫能够给他们提供现世无法获取的安全感。

福安淡水区的内河有东溪、西溪、交溪、秦溪、廉溪、大梅溪等，但在明代淡水区的众多内河之中，商船丛集、货物囤积、商品流通频繁的当属廉溪。廉溪的中上游江岸码头形成了两处集市，即西兴里二十二都富溪津市与钦德里十八都穆洋市。

富溪津市很古老，原有一个大码头，四个小码头，是闽东内地与闽北、浙西南腹地的鱼盐货物集散地。这里在不同的历史时期，朝廷先后设立了巡栏、官牙，借课税以平贸易。穆洋市在廉溪上游，上游人将这段河流称为"穆水"。穆洋市聚集着来自富溪津市的货物，并发往浙江泰顺，闽北政和、松溪、浦城、寿宁等县，经济史上称其为闽北、浙西南之吞吐盐鱼货品的"喉舌"。到了清代，富溪津市与穆洋市所在地均建起了天后庙。

富溪津市天后庙始建于公元1778年，即清乾隆四十三年。乾隆三十八年始任福安县知县的陈良翼与乾隆四十六年始任福安县知县的侯谨度各捐俸禄五十两。侯谨度曾是乾隆《福安县志》的主要纂修人。竣工的天后庙建筑群由前后座大殿及钟鼓楼组成，气势辉煌，为西兴里二十二都一大文化景观。天后庙初建时，谢、陈、薛等姓功德主将岐山畲族村部分田产划归宫庙，以资香灯，以入祀典。自公元1861年，即咸丰十一年，到公元1871年，即同治十年，天后庙重新修葺。捐助新庙的功德主除了赛江天后庙，白石司上天后庙、下天后庙，高岩薛氏祠堂以及当地乡间士绅、船家舡公外，还有大批商家。其中包括赛江泰和号、洪口刘聚成堂、双峰冯荣源堂、陈敬脩堂、赛岐人和号、濑头书盛号、周盛号、隆盛号、刘书元号、咸章号、双麟号、彭双利号、合利号、聚利号、新桂号、恒茂仁记、荣泰潮记、恒茂义记、恒茂和记、荣泰霖记等。这些商家所经营的具体货品已不得而知，但景仰妈祖婆的拳拳之心青天可鉴。

富溪津市天后庙在1926年又再度重修，是福安现存妈祖庙保存最完善的建筑之一。20世纪至21世纪之交，天后庙重修。1998年至2001年村民群策群力，募款重修庙宇。庙宇正殿神龛以"天仙阁"名之，为重檐歇山顶造型，龛中供奉着妈祖神像，柱上配以楹联："万古咸孚传圣德，千秋感应式坤仪。"另有一楹联为"救急拯危妙药挽回恩再造，保安赐福神手普济利群生"。墙上题有《天后庙》诗："湄洲岛慈施业绩，富溪津奉祀神仪。佛光普照三千里，法力宏深四大洲。"2007年立《富溪天后庙重修碑记》，记叙天后宫史迹与重修过程。1992年，富溪津市天后庙被列为福安市文物保护单位。

水云仙府福安道观

◎ 廉溪古码头

　　穆洋市穆水天后庙，建于公元1800年，即清嘉庆五年。公元1784年，即乾隆四十九年，穆洋街缪姓族人开始商议起建庙宇事宜，并慷慨捐资，银两累积，轮流生息。经过六年，资金充裕，终于相基择址始建庙宇。穆水天后庙一直是缪姓族人引以为豪的祠庙，每届阿婆神诞日均举行别开生面的祭祀活动。可惜20世纪50年代后被改为中学校舍，中学改建使原建筑荡然无存。有二百余年历史的穆水天后宫，建筑景观仅遗留在清代《缪氏宗谱》的彩绘图中，存在宗族中人的记忆里。现存福安廉溪上游穆洋镇缪氏祠堂清光绪五年的《穆水天后宫》石碑，是穆水天后庙唯一的遗物。碑文记载了自清乾隆至光绪的近百年间，天后宫信众捐资生息、鼎建宫庙，庙田出典、重修宫庙，赎回典田、重置庙产的全过程。

　　桂林天后宫位于钦德里十七都卓家坂（今属桂林坂）秀溪村水尾，同属于穆洋集市的穆水流域。建庙功德主王氏是开闽王王审知的后代，王氏迁居至今已有近千年的历史。天后宫的始建在公元1820年，即清嘉庆

◎ 富溪天后宫

二十五年。今存公元1837年，即道光十七年，慈航普度石碑，内有文字记载天后宫田产数目以及做修建、神诞的用途。1921年，洪水冲毁天后宫围墙，其正殿几至坍塌。后经重新修建，面貌一新。20世纪60年代末遭人为毁坏。1989年，王氏家族倡议重建，得信众捐款。重建后的桂林天后宫，门楼为重檐歇山顶楼阁式。天后宫内的布局，依次为天井、大殿、神台，神台上分设三个神龛。正中的神龛内祀奉妈祖天后，左神龛内祀文昌帝君，右神龛内祀福德正神。神厅的藻井，画有八仙故事彩绘图。梁柱上的楹联有："山明水秀钟灵地，海晏河清利济时"；"明神位列乾坤大，圣世人依日月光"；"志在春秋功在汉，心同日月寿同天"；"海不扬波称圣德，河无逆浪显神威"。

清代福安沿江集市的逐步递增，特别是康熙年间解除海禁之后，咸水区与淡水区经济联系更加紧密，位于沿江里细村的赛江集市的商业经济位置日益凸显。赛江集市位于富春溪、廉溪与赛江的交汇处，人们直呼为"内三江口"，区别于黄崎集市前的"外三江口"。赛江集市码头前有赛江奔涌而过，是福安河流的"半咸淡"区域，与赛江连接的白马河是福安唯一的咸水河。每次涨潮时，白马河水涌入，赛江水变成咸水；每次退潮时，

白马河水泻下,赛江水恢复为淡水。随着清末民初福安商品经济的持续发展,凭借地理位置的优势,赛江集市逐渐取代了廉溪流域的富溪津集市与穆洋集市,成为福安举足轻重的商品集散地。到了民国时期,赛岐码头商埠商号密集、商家林立、商轮穿梭、商务繁忙。沿江街市上汇集着国药店、布店、京果店、百货店、山货店、鱼货店等商铺,酒业、盐业、制糖业、肥皂业、染布业、纸业及银器、木器等商家。以赛岐为代表的闽东商品经济的发展引发了金融业的崛起,赛岐商埠上设立了中国农民银行福安分理处与福建省银行福安分行。从此,赛岐便有了闽东"小香港"与"小上海"的誉称。

从现存的资料看,赛江码头的天后庙,至少在清同治年间已经存在。从清同治年间至民国初年赛江天后庙董事多为外塘人苏姓等和赛岐商家高姓、徐姓、金姓、陈姓等,这是赛岐天后宫董事会人员构成的一贯传统。外塘位于白马河上游南岸,外塘人擅长建造船坞制造舟楫并驾舟贩运鱼货。

◎ 上白石渡头溪

淡水区商家与咸水区造船驾舟者的联合体,构成了赛江妈祖婆信仰人群的主要组织者与祭祀者。当时,赛江天后庙分为上下两庙,由董事统一管理,庙产主要是沿街的店铺。公元1867年,即同治六年,从赛江天后庙置业的复杂过程,便可看出商人的灵活与善算。此时,天后上下庙董事合议,除了原属上下天后庙管业的店铺仍然归天后庙外,再抽出店铺两间与杨家兑换码头,天后庙在码头设立牙行,供停泊船艘之用,收取租金。此状延续了50余年。赛江天后庙于20世纪50年代末先后被改作赛岐镇政府与医院驻地,随着赛岐建设的深入,赛江天后庙已不复存在,没有留下任何遗迹。

  东溪流域的淡水区,也有多处妈祖阿婆庙。位于界西里六都的棠溪天后宫坐落于棠溪村口。棠溪是福安的东溪支流,天后宫在碧水如练的棠溪河畔。自古以来,福安北路的商旅往来主要依托棠溪等水路。东溪是福安的干流,孕育着福安东北部的乡村田园。棠溪村是数千人口的大村,村民种田、业茶。棠溪天后宫为硬山顶式,马面如意墙。宫内依次为天井、神厅、神台,宫内主祀妈祖。天后宫始建于公元1799年,即清嘉庆四年,宫前仅存一棵树龄600年的古榕树。遮天蔽地的古榕,犹如历史老人,悲天悯人,见证了天后宫的兴隆凋敝,讲述着棠溪流水人家的合欢离愁。

  在东溪流域的财洪妈祖庙,坐落于界西里七都财洪村的东面村口,属于东溪流域的淡水区,财洪村位于东溪沿岸,历史曾有渡口,是福建通往浙江的官道。相传唐代有杨姓先人官授御史,卒于任上,其子欲搬父灵柩归于浙江省龙游县。途中被风阻碍,飘到长溪县东溪财洪地界停柩安歇,突然地裂,灵柩被吞入土中。杨氏家族中人认为此乃天意,于是开山建坟,修建功德寺。这所寺庙便是闻名福安的崇仁古寺。南宋《三山志》记载,崇仁院(即崇仁寺)置于公元858年,即唐大中十二年。财洪妈祖庙始建于清代,坐落在村中山麓,得山野之灵气。20世纪60年代,被财洪小学占用。后来随着学生数量的增加,旧庙被拆除,建起新校舍。2000年,财洪村信众另外择地,建造妈祖庙,新庙于2004年落成。新庙为砖混建筑,门楼为琉璃瓦硬山顶式。穿过天井,正殿为琉璃瓦重檐歇山顶结构,神龛正中祀奉妈祖神像，左右两边是侍女及千里眼、顺风耳。原庙的两个石鼓，被移至新庙作为柱础。庙内梁柱楹联有："圣护境内千古显，神驻宝阁万载灵"；"圣德英灵守境土，驱瘟收疫保乡间"；"功参天地育万物，德配坎离汇百川"；"庙貌垂千古，威灵镇八方"等。

渡头溪妈祖庙，位于界西里八都沙坑村渡头溪，属于福安东溪流域淡水区，是福安北部边陲的一座妈祖庙，光绪《福安县志》曾作专门介绍。村中王氏家族最早开基立业，随之林氏、杨氏相继落户，古代村民多凭借东溪渡口，以水上运输为业，渡头街曾为福安通往浙南、闽东北的必由之路，一度水上航道十分繁忙。村民在渡口码头建起了规模较大的妈祖阿婆庙，祈求阿婆保佑航线安全通畅。妈祖庙始建年代不详。据村民介绍，这里由于紧靠东溪，山间小溪纵横，历史上妈祖庙多次被洪水损坏，信众四次垫高基座，抬升殿宇。现在的妈祖庙，依然基本完整地保留着清末的建筑格局。妈祖阿婆庙坐东南朝西北，为硬山顶两面坡砖木结构。在内部格局上，依次为隔墙走廊、戏台、天井、左右回廊、大殿前廊、大殿、神台

◎ 渡头溪妈祖庙

等，神龛上单独奉祀妈祖，保存有公元1846年的香台遗物。渡头溪村妈祖庙在祀产管理上，自古就有定规，在渡口从事商品贸易的客商待交易达成后，须从贸易额总数中抽取百分之零点五的钱款，用于妈祖庙每年两次的神戏开支。民国时，乡联保处的一个陈姓办事员，不肯将一年来累积起来的税金返还给村里，有侵吞钱款的嫌疑，致使大家请不到戏班，耽误了神节的演出，由此激起民愤。上级机关就此事对陈姓办事员进行了一个月的审查，经查证陈姓办事员确有侵吞钱款的嫌疑。陈姓办事员不久因肚胀的怪病，不治身亡。为此人们坚信，"吃（侵吞）"妈祖婆的钱款，必遭报应。如今渡头溪的妈祖庙，因河运风光不再，庙已少有香火，建筑略显破败。

茜洋妈祖庙，坐落于仁风里二十五都茜洋村村口。茜洋溪从村西流过，这条溪流古称大梅溪，是长溪的一条重要支流，属于福安淡水区。茜洋溪是联系福安东部山区以及邻近霞浦县的水上交通要冲。茜洋村自古有不少人以放竹排、从事水上运输为生。当年这里的古码头十分繁华，盐货、布匹从这里进入，土产山珍从这里输出。这里沿街两旁曾遍布茶庄、布庄及鱼货店、裁缝店、国药店等。每逢墟日，邻近"三十六村"的畲、汉山民云集。此等景观一直延续到20世纪70年代。

妈祖庙始建于公元1857年，即清咸丰七年，庙宇为院落式砖木结构，由倒座、前庭（天井）、正殿、后院以及天井两侧的厢房组成，雕栏画栋、巍峨壮观。旧时，每逢妈祖神诞节，村民都要在宫里演大戏娱神。邻近十里八乡的村民都扶老携幼赶来看戏，把阿婆宫庙挤得水泄不通。

茜洋妈祖庙大殿前廊上方为卷棚式，大殿有三个藻井，中间藻井画有八幅妈祖传说故事的彩绘，左、右两边分别是龙凤呈祥图。梁柱上的楹联有："威灵妈祖排灾救难圆功果，显赫神妃平浪护航定海心"；"善良多作神明近在天三尺，邪恶莫为冥世隔离纸一张"；"身在湄洲心许人寰生至爱，神航宇宙胸存日月照苍身"；"通贤灵女天生德行天能上，达理纲常海样襟怀海可容"；"湄洲妈祖永镇罗山安社稷，海国天妃长驻茜水定乾坤"；"妈祖鸿恩万古流芳崇典礼，神妃大德千载垂泽祀馨香"等。这里的村民，总爱津津乐道妈祖阿婆的灵圣。他们说，有阿婆庇护，当年茜洋溪竹排往来

如梭，如履平地，从未出现过重大闪失。庙宇和神像经由暴洪汹涌、狂风肆虐，却稳如泰山，安然依旧。

溪柄天后庙，又名龙溪天后宫，建于公元1796年，即清嘉庆元年。天后庙位于离县城南四十里地的仁风里二十七都溪柄集市。庙前有源于霞浦县的龙溪蜿蜒而过，溪流中舟楫往来，商贾辐辏，气象万千。整个建筑，精雕细刻，结构恢宏，神灵显圣，香客如云，为福安淡水区南部妈祖信仰之重镇。可惜所处位置处于溪柄街道的中心地带，于20世纪50年代后被长期占用，随着溪柄镇区建设的深度开发，旧构已荡然无存。仅留公元1840年，即道光二十年《龙溪天后庙碑志》残件，记载了天后庙地理位置、建构时间、修建过程等，捐助者名录部分的碑文已不复存在。

福安淡水区民间祭祀妈祖婆均以巡游乡境为主。以清代商品流通频繁的廉溪、赛江沿岸集市天后宫庙祀典为例，所有的集市、码头的妈祖婆祭祀仪式，都选定在农历三月二十三日妈祖婆神诞日。上游穆水天后宫信众先在穆洋集市的龙首桥头恭迎湄洲妈

◎ 溪柄妈祖庙残碑

祖庙接回的香火，道士们举行乡村平安大醮，随之信众抬出宫内妈祖神舆巡游穆洋十八境，另在穆水溪中开出巨型纸船，船内堆满金箔，百余艘小

船（本地称为"溪艍"）簇拥两边，穿行水中，最后点燃纸船，以求商船出航波平浪静、一帆风顺、生意亨通。中游富溪津市的富溪妈祖庙祭祀活动类似于穆水妈祖庙，唯一不同是信众们会抬出妈祖神牌巡游乡境。赛江市妈祖庙的祭祀活动也基本类同，不同点是专门以一艘大船承载诸位神灵，在锣鼓声中畅游赛江。以上淡水区妈祖婆祭祀中均突出了妈祖婆巡游江河的环节，因为内河在闽东腹地的商品流通中是至关重要的。

麦商茶人敬阿婆

福安城内外的七处集市商贩们主要在龟湖山天后宫与溪口妈祖庙祭祀，这两处庙宇都是由官衙、士子与商家为主体集资修建的。龟湖山天后宫更是清代官方春秋两祭的"祝圣道场"。虽经风雨沧桑，今日两处天后宫，却风光依旧。

清代天后宫的修建，不能忽视两个商帮，即麦商与茶人。清康熙年间，江南农村经济畸形发展，米价大跌，谷贱伤农，乡人尝试着另谋出路。于是，春种夏收的旱地作物小麦成了商家的新宠与农家的摇钱树，福安遂成了闽东小麦的主产区，其西部与北部山地里，深绿的麦田遍野，金黄的麦粒盈仓。此情正如公元1802年，即清嘉庆七年十月初二日《奉宪禁革麦照陋规》石碑所说："麦与米谷，事同一体。"商贩运售麦子、面粉，是扩充民间食品的好事。此碑原立于龟湖山福安商会，20世纪80年代商会大火，石碑移至隔壁的龟湖山天后宫内。

清初，福安淡水区许许多多的溪涧旁边都架起了水车、水碓，建起了油坊、麦房。油坊、麦房里，人们没日没夜地忙碌着，冬天榨茶油、夏天磨麦粉，周而复始地重复着泉声水影的日子。他们祈求妈祖阿婆、临水奶娘的保佑，每一座油坊、麦房里都有讲不完的故事。经过水的张力而加工成的面粉，一袋袋、一担担沉甸甸的，被运往闽东各地。麦业兴盛，带来了面食等相关食品行业的繁荣，面食师傅们手艺精湛，精益求精，制作出闻名闽东的线面、中秋饼、继光饼、炉酥等特色食品。特别是福安刚出炉的继光饼，热气腾腾，麦香扑鼻，表皮油亮如黄杨木雕，吃起来外皮爽脆、内质松软。如果饼心夹上一块油炸的海蛎饼，更是令人垂涎，今人称之为"闽东三明治"。福安俗语，人们将初试锋芒的胜利者称为"刚出炉的继光

◎ 清嘉庆七年《奉宪禁革麦照陋规》石碑

饼"，光鲜可人。一句相似的俗语是"炉热饼胖"，比喻事业有成，如日中天。还有一种食品称为"炉酥"，外形酷似马蹄，又称"马蹄酥"，也是甜咸适度，香脆可口，令人叫绝。

  清乾隆年间，包括麦商在内的福安商界人士在省城福州南台惠泽境购得民屋十余座，建起福安会馆。会馆中堂祭祀天后，旁边是专为福安人服务的旅馆。旅馆的设置，为家乡商务、士子赶考等提供了食宿方便。公元1830年，即道光十年，麦商社团以公用银二百七十两买断会馆附近的数间民房，以扩建、整修会馆。

  公元1868年，即清同治七年，商会十三人联手，倡募重建天后庙并韩

阳公所。之后，供奉天后的殿堂愈发庄严堂皇。此间，商会中人都来自哪些行业已不得而知。但一个不争的事实是，取代麦商社团而成福安商业主力军的茶商群体，于晚清时正迅速崛起。

　　福安茶叶贸易的繁荣得益于福州华茶在欧洲市场的雄起。公元1844年，即清道光二十四年，福州才正式开埠，马尾港是"五口通商"中最迟开放的一个口岸。公元1853年，即咸丰三年，第一批茶叶从福州口岸输出，随之茶叶对外贸易所蕴藏的潜力犹如活跃的火山一样冲腾迸发出来，在短短十数年间，福州一跃成为世界性的茶叶贸易大港，包括广州十三行在内的外国商行陆续进驻福州，一时间，福州商住人口超过了广州。武夷山原是福州茶叶对外贸易的依托地，但是自公元1857年，即清咸丰七年开始，太平军四次入闽，切断了闽北武夷山的传统内陆茶路，广东洋行买办求茶心切，频频告急。侨居广州的美国茶商脑子活络，尝试打开海路贩运茶叶的新航道。

◎ 坦洋村

福州茶商将视野投向了闽东这个传统的产茶区,以此为新的依托地,续展茶叶贸易的雄风。于是,咸(丰)同(治)年间,闽东因势而起,遂成为福州茶叶对外贸易的腹地。差不多在同一个时期,福建省的红茶极品,即"坦洋功夫",诞生于福安平溪里九都坦洋村。坦洋村虽然地处偏远,交通不便,但是制茶历史悠久,本有久负盛名的"坦洋菜茶"。同时,村落聚集了一大批有胆有识、能产善销、富有创新意识的茶人,包括胡、施、吴等诸姓商界弄潮儿。他们请来了武夷山师傅,研发"坦洋功夫"、"坦洋小种"等红茶系列,并以品质优良、价格公道主宰市场,吸引了福建各路的批发商与经销商。由于坦洋村产茶甚富,茶人店号鳞次栉比,形成名盛一时的坦洋集市,是清季福安二十四个集市之一。当时,福安其他都图以及福宁府寿宁、宁德、霞浦各县所产茶叶,都以红茶主产区与集散地的坦洋村为首埠,对外买卖概称为"坦洋功夫"。公元1866年,即清同治五年,福建省政府在坦洋集市地专门设立了茶税局,并直派专员督办茶课。公元1898年,即光绪二十四年,清政府开放福建省福宁府三都澳,将三都澳内

◎ 坦洋村碉楼

的三都岛正式辟为对外通商口岸。次年，在三都岛上设立"福海关"，成为与当年福州"闽海关"、"闽海关"厦门分署齐名的福建三大海关之一。"福海关"中茶叶是出口的大宗货品。此时，闽东处于茶叶贸易鼎盛期，坦洋村进入了茶市繁华、"白银斗量"的喧嚣时代。

坦洋村边有坦洋溪，是福安淡水区西溪支流。坦洋村诸姓茶人商家也奉妈祖为商业保护神。公元1850年，即清道光三十年，他们集资在村里建起天后宫，其建筑营造法式完全"克隆"建于福州南台的福安会馆天后庙。经济实力雄厚的坦洋商家们，对天后宫主祀的妈祖婆神灵的正统性与权威性毫不含糊，他们直接组织人员不远数百里，到莆田湄洲岛妈祖祖庙去分灵。当年妈祖分灵时，所到之处，一路迎祭，舟载步行，整整费时三个月。坦洋天后宫曾于公元1876年，即光绪二年重修。时至今日，依稀可见当年的完整构架与实在规模。坦洋天后宫自西向东，依次为重檐歇山顶式青砖砌就的门楼，门额嵌有青石打制的立式虬龙缠枝浮雕和阴刻"天后宫"三字。继之，为歇山顶式木构戏台，戏台顶上设八角藻井。天井处的左右两旁，上层为女眷观戏廊，下层为过道。神厅为重檐歇山顶砖木结构，神龛的后面是祭祀妈祖婆时的专用云厨。2003年重修神龛，其神龛为楼阁式歇山顶结构，单祀妈祖，左右塑侍女。另有软身木刻妈祖一尊，专用于出巡之用。这里的神诞节庆，都有请道士表演祈福保平安的传统习俗。神厅上方装饰有藻井，古朴大方。梁架上至今留有道光三十年创建天后宫的文字记载。梁柱上的七副楹联，分别书写："祖庙巍峨耸立湄洲岛上，神功浩荡遍布环宇邨村"；"护国佑民妙灵应，弘仁普济福黎元"；"海上显神威惊涛皆平息，人间留圣迹信众沐神恩"；"四海恩波颂莆海，五洲香火祖湄洲"；"十三次受封百世功勋垂宇宙，历六个朝代千秋宫殿遍神州"；"仙去人间留圣迹，灵昭海表望慈航"；"启发伦常演出剧情成典范，弘扬善道精湛技艺仿如真"。

平溪里上十都社口街头，曾于公元1838年，即道光十八年，建起阿婆庙。社口与坦洋相距十余里，也属于西溪流域的淡水区，为确保商家、旅人的航运安全，社口乡民请进了妈祖婆。社口阿婆庙历经清代、民国两个

◎ 坦洋"同泰春"茶行发行的"茶银票"

时期,香火延续,香客依旧。20世纪50年代后,河水流量骤减,河道逐渐狭窄,舟楫随之绝迹。社口阿婆庙前,已今不如昔,无法再续昔日繁华。后来,阿婆庙被当地粮食购销部门占用,庙宇被毁,遗迹无存。

除了官方春秋两祭外,龟湖山天后庙尚有因商事而专门举行的天后祭祀仪式。福安商会馆与龟湖天后庙仅一墙之隔,一旦三春茶季或仲夏麦季时,商会必集众商先行祭祀妈祖婆,再将货品从洋头码头装仓起航。到了盛夏黄花鱼汛期,鱼货商人们会聚集在龟湖山天后庙内,焚香祭祀妈祖阿婆,随之将来自咸水区官井洋的大宗鱼货卸船分发内地。

念珠链成乾坤环

　　民国时期盛极一时的瑶池道、先天道、龙华道、老母道等来自民间的宗教团体曾充斥福安，一度入住福安的寺庙宫观，于是使福安玄释不辨，道佛不清。

　　20世纪70年代后期，福安与全省各地一样，陆续落实了宗教政策。福安道教正本清源，整顿道风。全真、正一，道团众真，遵行戒律，约束身心，远离邪伪，不涉幻妄。乾坤道人先后进驻福安各类宫观，在弘扬道法，净化人心的过程中，发挥着应有的作用。

韩阳道观三山志

在福安政府驻地韩阳城里的鹤山、龟湖山、天马山都有道教宫观。鹤山道观是现今福安城内规模最大的宫观，它的历史变迁，前文已作了介绍。龟湖山上的天后宫，曾是清代官方祭祀妈祖之地，1999年后为福安道教协会驻地。宫内镌刻于公元1757年，即清乾隆二十二年的《天后宫祀典田亩碑记》记载：天后宫为福邑宫殿，众商鼎建于龟湖山巅，"颇具杰特之观"。

龟湖山天后庙始建于公元1741年，即乾隆六年，重建于公元1831年，即道光十一年。神厅的顶部有大小六个藻井，正殿的梁柱上至今依然留有清晰的文字记录，记载了原建董事与重建董事的名单。前者包括监生7人，

◎ 正一道士做法事

◎ 天马仙宫

庠生5人，商人6人，庠宾、乡耆各1人。后者包括监生1人，庠生3人，廪生10人，乡耆8人。

  2004年，经多方筹集资金，众人重修了湖山天后庙。重新修缮的主体建筑，正殿为硬山顶式。神台一字排列，分三个神龛，中间神龛主祀妈祖娘娘，妈祖娘娘为泥塑彩绘坐像，左右后边分立执日、月扇的侍女；左边神龛为通天圣母临水夫人；右边为钱四娘娘。正殿左侧依次为路允迪、蒲师文、郑和、姚启圣，以及平风定海千里眼将军等神像。正殿右侧依次为李富、宋文、林尧俞、施琅，以及平风定海顺风耳将军等神像。整个殿堂，众多神灵聚会，似乎正在再现清代妈祖阿婆平风镇浪，军政要人运筹帷幄、渡海征战的传奇故事。

宫内的梁柱上题写的楹联有："天妃功勋伟绩千古同日月，元君威灵恩度南闽镇湖山"；"湄洲妈祖镇守韩城风调雨顺，临水太后传扬湖山国泰民安"；"香篆金鼎香烟缭绕迎百福，花放玉瓶花开富贵集千祥"等。

天马山是众神之山，在山峦叠翠中错落有致地分布着许多道观、寺庙。天马山在县城南部，为东、西二溪交流之处，为县水口。山势形如天马，是福安城的天然锁钥。元至大年间，福安县主簿胡琏造庵于山腰，庵匾书写"天堂"二字，以镇住外倾的天马山形。胡琏又开辟了蜿蜒的山路，犹如辔绳以控制"天马"。公元1576年，即明万历四年，知县鲍治在天马山造塔，与长溪对岸的凌霄塔遥遥相对。天堂庵是天马山最早的宗教建筑，历史上曾有道家羽流在庵内居住，今为佛教天堂禅寺。位于天马山麓的佛教寺院还有香泉寺、白云寺、莲峰寺、香山寺、慈恩寺等。

天马山山巅是天马仙宫，沿着一级级台阶可以登到路亭，亭前书写着"烟霞境界"四字。走过路亭继续攀登，便进入马仙殿堂，大殿重建于2007

◎ 天马山东岳观

年，是福安宫庙习见的重檐歇山顶建筑。殿内神龛中祀七尊灵泽马氏大德真仙，左神龛祀随虫感应张大元帅与兴云致雨叶大元帅，右边神龛祀遂仙土地福德正神。殿中楹联有"春集繁福四邻千年承圣泽，夏增余庆各境万载颂仙功"联句。殿前回廊上悬挂着介绍马氏大德真仙全传的玻璃框。框内有录自浙江省景宁县的马氏真仙身世与升天传奇，情节曲折动人，并标明"录自景宁古版"。

文中马仙传奇与载于清同治年间《景宁县志》中的《马孝仙传》内容相近。说江南秀州华亭县白马山下的著族马公，身为进士，授职晋阳县尉。后唐灭后，遂弃职归田。马公配卢氏，夫妇乐善好施，一日卢氏忽夜梦三星飞入口，吞之有娠。公元940年，即天福五年，生长女五娘，七年生次女六娘，公元944年，即开运元年，生少女七娘，三女并有异姿，唯七娘尤出尘表。七娘便是马孝仙，她经历了许多磨难，终得成仙。她的两位姐姐也精修日游，功行完满。五娘显仙灵于松溪，六娘显仙迹于瓯之瑞安罗阳，七娘则显灵于寿宁，寓念故土也。三处居民虔诚奉祀不忘。文中赞道："山以仙居，人以地灵，仙游天下，永庇兆民。"天马仙宫中供奉的马氏大德真仙是七位神灵，显然已经超乎马仙传说中的三姐妹，是福安信众们的再创造。

关于马仙传奇，在福安畲族乡村还有不同的版本，其内容极富人情味与民族性。相传陕西马七娘随父流落浙江雾溪，认大仓村雷马寿为义父，时年七岁。雷家盼子遂愿，感念马七娘招弟，乃名雷马弟。雷马寿迁居坪阳岗水畔搭寮垦荒，马七娘携雷马弟盘唱畲歌并随父学木雕。马七娘十七岁时，天遇大旱，她迁居浙西南景宁县鸬鹚村谋生，并嫁与鲁相公。她是孝敬婆母和助人为乐的楷模，后羽化成仙，从此雾溪一带畲村世代祭祀马七娘，抬神像游乡，必经水畔，巡视故乡山水，并用畲语祈祷祝福。畲家人始终认为，马七娘乃畲族的义女，是畲乡一位美丽贤惠、善解人意的女神。

随着盘山公路下山，中途遇霞山赐福道观，道观原名三官堂，亦称"白云堂"。始建于公元1659年，即清顺治十六年，是几位道人结庐草庵净修之处。公元1833年，即道光十三年，又有道士以土木构建庵堂持斋修

◎ 赐福观

道。1952年三修宫观，至1966年后被改作他用。20世纪80年代落实宗教政策，重归道教。1998年开始四修道观，2004年改易为今名。观中有三清殿、财神殿等，二殿中兼祀神灵众多，共有二十余尊，几乎涵盖了福安民间习见的道教神灵，如玉皇大帝、南北极仙翁、斗姥元君、观世音圆通自在天尊、月老仙翁、魁神星君、邱祖真人、齐天大圣等。300余年这里一直是全真道士焚修之所。

天马山山腰有东岳道观，原名东岳行祠，据光绪《福安县志》记载，道观原址在南门外溪口，建于明代，当时邑人黄钏曾作楹联："天地大德曰生，帝出乎震；日月容光必照，道合其明。"公元1816年，即清嘉庆二十一年重修。1993年移建于天马山上。大门前站立着两尊黄金狮子，四柱楹联为"五岳镇东方秉鉴阴阳昭报应，百神尊震位掌司福禄运权衡"；"东岳大帝广大英灵千秋同日月，城隍老爷神通感应万载镇乾坤"。此二联昭示了宫观的神灵内涵，即城隍神系及其上司东岳神系。顺石梯而上是城隍正殿，殿前有1993年《重建安邑正堂碑记》，记载了福安城隍庙的历史变迁。由于20世纪70年代城隍老爷显灵于天马山上，因此，人们在90年代初便建城隍庙于天马山。后城隍庙移建于天马山下，又将原有的城隍庙改为东岳道观，好在东岳大帝与城隍老爷有着神系的关联性，东岳大帝的神阶较之城隍老爷高一级别。东岳道观内的城隍正殿还是维持着原有的格局，中祀城隍老爷，左祀福德正神，右祀黑白无常。大殿楹联为"天理无私善恶人间终应报，良心不昧恩冤地府亦分明"。殿左是玉皇宝殿，再往左是正在建设之中的东岳大帝殿堂，墙上张贴着关于基建东岳大帝殿的红纸倡议书。东岳道观由全真道人驻鹤。

　　福安乡间建有多处东岳大帝庙，如西部穆阳地区康厝乡普照岩上的东岳观紧靠着普照禅寺，规模极小，如同乡间土地庙。又据清光绪年间穆阳地区《缪氏利房支谱》记载，其家族曾于明嘉靖年间在穆阳地区建有东岳观，该观又名"岳清观"。明天启年间再度重修，后废。北部晓阳镇晓阳村

◎ 晓阳广惠观

有古老的东岳大帝庙宇，即广惠观。据公元1497年，即明弘治十年《广惠观》碑文言，宫观主祭东岳大帝，为宋理宗时谢太后鼎创，因年久摧废，弘治八年募资重修。内有"喜舍田土施主"名录。广惠观大门楹联是"孽海茫茫岂容再误，回轮辘辘要想来生"。广惠观边上有一株红豆杉，年代久远，枝繁叶茂，郁郁葱葱，为广惠观增色不少。

天马山下的溪口妈祖庙，原址在南郊外靖海关，俗称溪口地，故名溪口妈祖庙。始建于公元1751年，即清乾隆十六年。原来的妈祖庙三座一连，两边有钟、鼓楼，还有董事会宿舍一座。1921年，董事会成员中茶业、布业、鱼货业、百货业、药材业、京果业、屠宰业等老板，曾特邀上海"群芳"女班前来公演，一时轰动，名声大噪。原来妈祖庙旁有福安著名的韩阳十景之一的"马屿香泉"、佛教接待庵及风景名胜"一息亭"等。20世纪60年代，妈祖庙及亭台、寺宇均被拆毁，遗址残存。随着城市路政建设，妈祖庙于1984年移建在福安市天马山风景区的入口处。

自1992年政府加大基建力度，陆续为妈祖庙添建，终成规模。现存的溪口妈祖庙由全真道士主持。整体建筑包括山门、妈祖庙、玉皇殿以及附

◎ 天马山下妈祖庙

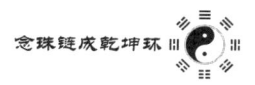

属办公楼、厢房等。主体建筑妈祖庙,重檐歇山顶式,砖混结构。上匾额"天后庙"为竖立型,外框镂雕虬龙缠枝镏金图案;下匾额"妈祖庙"为横卧型,外框也是镂雕虬龙缠枝镏金图案。

殿内神龛主祀妈祖,妈祖的左右前方为立姿的塑像千里眼、顺风耳。龛外的梁柱上有楹联:"母德参天四表咸钦其圣,后功配地万邦共祀以神";"晋水溯源流泉鹿仁人同壹脉,湄洲传灵踪龟台香火并千秋";"千里云烟对三春花月,一时壮丽震万古威灵";"香满画堂玉树花并茂,灯辉宝座祥麟凤同仪";"自神禹后一人盛德在水,自大宋来千古崇祈配天"。

溪口妈祖庙的左侧是新建的"玉皇殿",与妈祖庙并列并排,砖混结构,宫庙的左、右前方原为钟、鼓楼,均为重檐歇山顶砖混建筑结构。后来庙内管理者为迁建"元帅殿",故将钟楼改设为"元帅殿"。

宫的左前方空坪地上,立有高约3米,手托如意的妈祖造像,其造型与湄洲妈祖祖庙的妈祖造像相似。造像左右两侧,分别雕刻与普通人大小一致、形象生动的千里眼和顺风耳神像。

与溪口妈祖庙相隔不足50米处是重新修建的城隍庙,几经风雨,几度移址,城隍柯老爷与徐夫人终于落脚在天马山下的永镇城隍庙内。永镇城隍庙是依山而建、整体橘红、多层次的宗教建筑,由正一教道人住持。

沿着石阶而上先是将爷殿,这里供奉福安乡间底层信众最为关切的黑白无常谢、范老爷。殿内有楹联"谢公原有德千秋显赫,范将本无私万古英灵";"高堂扬善安良歌正气,明镜肃恶除顽扫妖风"。殿外更是楹联重叠,尽言善恶因果事,有"黑白无常本有常,善恶有报终须报";"入我门来有威可畏,凭依在德其道大光";"视而不见求必应,听则无声叩即灵"等。

将爷殿左侧是城隍殿,建筑为重檐歇山顶。大殿威武肃穆,中祭城隍柯老爷,旁祀判官、小鬼等阴界众神。内有楹联"天马行空奇迹神功堪致远,城隍护境德风福泽得长安";"天理无私善恶人间终报应,良心不昧恩冤地府亦分明"。

城隍殿往左有祭祀阎罗王的大殿,也是重檐歇山顶建筑。殿前匾额"酆都城"三字行书,笔走龙蛇,洒脱大度。殿前四柱有楹联"不忠不孝任

◎ 天马山下城隍庙

尔焚香无益，为民为国见吾未拜何妨"；"为非作歹切祈逃祸祸从天降，积德行善无非得福福至门庭"。大殿光亮堂皇，不觉阴森恐怖。殿内中祀酆都大帝，左右两侧神龛供奉十殿阎罗。殿大门前站立着奈何桥边众鬼卒，包括牛头阿防与马面罗刹。这二位尊鬼本出自佛教，后被道教吸收。据佛教经典《楞严经》称，当亡者行至大铁城，有牛头狱卒、马面罗刹，二鬼手持枪矛，将亡者驱向无间狱。

以上三殿，以建筑时间的先后，从右到左，一字摆开。因建筑时间不同，建筑材料、造型殊异。三殿之后有城隍徐夫人闺阁。人们认为，为徐夫人建造专门宫殿是为了能让城隍老爷安心公务，不受干扰。再者，也为女信众提供一个专事求拜夫人的场所，以便夫人能在城隍面前为女施主们特别美言几句，并赐予更多、更广、更加深入的吉祥平安。

一山一水五道观

福安西部穆阳地界,明清时期的行政区划,即包括用儒乡钦德里十五都至十九都等五都六图,今天的地理位置大致相当于穆阳镇与康厝、穆云两个畲族乡的地盘。当年,这里是闽东货物流向闽北的商品集散地,穆水码头、穆阳街头,车水马龙,人声鼎沸,商家店号齐聚,山货海货汇集。民国时期,这里还是福安文化教育之邦,曾办过福安师范、穆阳中学、教会学校等。于是,民间一直流传着"福安好穆阳"的赞语。

穆阳民间道教兴盛,是本地道教神灵缪仙翁的发祥地之一。今在穆阳街道后山的狮子岩上有两座道观,而在穆水边的康厝、穆云二乡有三座道观,这些道观都由道教全真派驻鹤。五座道观中各具特色的奉神祀仙,呈现出民间道教文化的异彩纷呈。

贴近穆阳街道的山峦是

◎ 狮子岩九曲岭石阶

狮子岩，山中怪石嶙峋，道路陡峭，山虽不高却峻拔雄奇。南宋公元1169年，即乾道五年，福安武举、穆阳苏堤人黄梦攸曾作诗咏叹："蛟龙跃，狮子吼，头角峥嵘精神抖。若问破天荒，还吾霹雳手。"今人修起了盘山公路和七百多级石阶，以两全之策，贯通了进山之路。穆阳街道百岁坊尽头便是往狮子岩的九曲岭石阶，拾级而上，在石阶旁有一株古榕，树边立有小庙，是专门供奉这株神树的，庙门有横额，书写"泽被人间"四字，门左右有对联，即"一叶香汤除百病，千年老树荫万家"。

再往上走，便到了道观"真武宫"，耐人寻味的是真武宫大门匾额上书写着"齐天大圣"四字，显然这里也是大圣宫。进入第一个神殿，便是齐天大圣殿，中祀玉封花果山水帘洞齐天大圣，左神龛祀东岳大帝，右神龛祀文昌帝君。显然这种神龛的设置不一定符合道教神灵的排列，而是来自民间信众的随心所欲。1994年创建伊始，此宫观并不是道教全真派的道场，仅仅是民间功德主倡建的神庙，后经由全真道士进驻，并逐步发展为以真

◎ 九曲岭神树庙

◎ 真武宫

武大帝为主祀神灵的道观。

　　大圣殿内的楹联表达了人们对齐天大圣神威的服膺和祈盼："花果山欣降狮山添锦绣，水帘洞喜临穆水颂升平"；"引路西天常奋千钧棒威降魔怪，垂功东土大施万德心恩沐黎民"；"腾云驾雾缔造无穷无尽昌福，上天入地明辨玄秘玄密是非"；"能知已往再解未来唯法为广大，只供一礼可获万酬独神最宽宏"。福安的孙大圣崇拜遍及乡间，人们一般将供奉齐天大圣的宫庙称为"猴神宫"。

　　往左走便是关帝殿，殿中神龛中祀关帝神灵，左右有义子关平与护将周仓。在道教中，关羽被称为"关圣帝君"，是道教的护法四帅之一。福安民间赞叹关帝忠贞不贰，如殿内楹联"威灵显赫保家国，忠勇节义得民心"。除此之外，人们主要是将他作为财神来供奉。

　　继续往左走，便到了主体殿宇，即真武帝殿，真武大帝又称玄天上帝，全称"真武荡魔大帝"，为道教神系中赫赫有名的玉京尊神。道经中称他为"镇天真武灵应佑圣帝君"，简称"真武帝君"。殿中祀真武大帝，殿内楹联

◎ 玉皇宫

是"但愿法手双垂下，抚得人心一样平"。

离开真武宫，再往上走，便到了玉皇宫。玉皇宫建于1991年，在建设期间，清理地基时，挖出了部分宗教建筑的残件，其中有一口石槽，石槽边沿上的文字十分模糊，无法辨认。根据福安佛教寺院所遗留下的十余口古代石槽比对判断，石槽当是宋代寺院的物件，说明这里曾是佛家三宝之地。

玉皇宫内有两座大殿，一为大罗三清殿，殿中供奉着道教最高级别的尊神，以及自在三清境、逍遥十极天的仙班诸神。殿中楹联有"元始说法于黍米万圣来朝，高真演教欝罗台千真集会"；"通明高拱端居三界之上，列圣钦崇位尊万天之主"。殿宇虽规模不大，却因众多神灵仙真会聚，而显得富丽堂皇。

玉皇殿神龛中祀三皇，即昊天玉皇上帝、勾陈天皇大帝与北极紫微大帝。左神龛祀王母娘娘，右神龛祀三官大帝。左侧神龛供奉文昌帝君，右

侧神龛供奉月老仙翁。神龛上有匾额，书写"道光普照"。立柱楹联为北京白云观道士康信祈撰书，言"道教渊源蕴五千年华夏文化，玄门奥妙秘三洞经凤篆龙章"。

每年正月初九为玉皇圣诞，俗称"玉皇会"，是玉皇宫最为隆重的节日。近千人齐聚宫观，行玉皇清微科仪。传言，这一天，天上地下的各路神仙都会前来贺寿，尽情狂欢。玉皇宫里的信众们道香一炷，诚叩十方，迎銮接驾，膜拜玉皇……他们坚信：一日的虔诚，能获取一年的吉祥。

在玉皇宫内的法事中，比较重要的还有农历三月二十三日的妈祖圣诞与五月十八日的张天师圣诞日。为表虔诚，信众们在"张师诞"期间，时常到江西龙虎山去分香请灵。

当人们沿着通往周宁县的赛浦公路，寻觅穆水边的道观时，首先见到的是康厝畲族乡石鼓井村的三清观。该道观建于1990年，悬山顶建筑，形制简陋，仅有三清图像作为唯一的供奉者。因地处偏远，交通不便，信众不多，全真派道士们多以亲自耕作、砍柴来维持日常香灯。他们平时虽生活简朴，但市道教协会或别的道观需要帮忙时，他们都会乐于相助。

石鼓井村有石锣、石鼓，以及黄巢试剑石等遗迹，村中还流传着地方性版本的白蛇后传，说白蛇精成了九天玄女与法海禅师继续斗法，情节生动有趣。此传奇虽然似乎与道家无关，但是，道士们说起来时却还是绘声绘色，活灵活现。

景云观位于康厝畲族乡秦家店村，建于1980年，是20世纪80年代落实宗教政策后建成的首批道观之一。其供奉的诸真场所仅是一座重檐歇山顶的大罗宝殿，到了2007年才竣工。在祭祀三清教主的神龛前一副楹联为"古洞云中神仙府，昆仑山上道人家"。联语符合实际，小道观似山间的野鹤闲云，超然物外。大殿规模小而紧凑，三清神系中的主要神灵均存在其间。神殿左边是二层楼的乡村建筑，为膳堂与宿舍。

三清殿中还有三官大帝。三官是神阶很高的道教尊神，他们出现的时间比三清尊神还早。福安民间的三官信仰十分普遍，景云观中最主要的法事是每年的三元节。"三元"即三官，三官大帝也称"三元大帝"。道教经

◎ 景云观

典认为：三官大帝，包括天官、地官、水官，其中天官赐福，地官赦罪，水官解厄。三元节，行三官诞辰的庆典，三官诞生日是农历正月十五、七月十五、十月十五。三元节是三官向凡间众生赐福、赦罪、解厄的日子。汉代张天师嗣教时，曾举行"三官手书"的醮仪，即书写三通文疏，通过道教仪式分别置于山、埋于地、沉于水，为道民请祷，后逐渐衍化成现今的"三元科仪"。景云观的"三官供"远近闻名，届时，大罗宝殿汇集五百余人。"一炷真香通信去，三元三品尽遥闻"，香云达信，三官洞鉴，消灾忏罪，请福延生，人们以虔诚之心尽享三官大帝普降的甘霖。

穆水流经穆云畲族乡桂林村，清泉宝洞位于村东的凤翔山麓。洞由奇岩怪石构成。左为济公岩，右是蛤蟆石，上有巨石如金龟盘踞，覆盖成顶部，不施片瓦，鬼斧神工地叠成天然殿宇。洞宽9米，深32米，内可容纳500余人。洞中有洞，一线岩泉汨出，清澈甘甜，久旱不竭。相传有7位姑娘为了避乱，隐居洞中，潜心净修。她们以泉水炼就神水，防瘟祛疫，乡人祀之，不计其年，洞俗称"仙水洞"，7位姑娘称为"白莲仙姑"。7位姑娘出身官宦之家，分别名白雪娇、白雪荷、白雪莲、白雪云、白雪玉、白雪娥、白雪梅。

清季桂林庠生王贡南为首，倡辟全洞，王氏家族乐成此举。今存石制神座上有"光绪十三年（公元1887年）闰四月吉日桂林坂王姓董事同鼎建"字样。洞内大厅仿南海普陀仙境，前座塑造观音云游群像，白莲仙姑居后座。盖文昌阁，奉魁星，作王氏学子攻书之所。又修环墙，筑洞门，

◎ 清泉宝洞一

◎ 清泉宝洞二

镌刻门联："洞弥云气古，泉写道心清"。横额刻"清泉宝洞"四字。洞外有摩崖石刻，为五言绝句："险戏万山石，吁嗟行路难。玄穹如有锡，饷此一泉寒。"系1942年履职于穆阳的闽侯籍地方文人金振庭撰写。

1985年政府开始重新扩建清泉宝洞，90年代后为全真教羽人住持。洞中神殿请来汉白玉白莲仙姑坐像与白氏护驾神灵康元帅立像。神殿右侧是两层平房，为客堂与厨房，白色墙体上有楷体大字"福生无量天尊"。房内天井立墙上有横额"慧光远照"，对联："竹影松风参养性，泉声山色助元神。"

整个道观已超乎原有的范围，以延绵20余里的凤翔山脉为背景，沿山势造间，借奇石添趣，凭古树增雄。凤翔山腰，清泉洞边，重檐歇山顶的圆通自在天尊观音大殿鼎建于2000年。

顺着石板阶梯上登，一路上奇树异石相伴其中，人们给沿路上因造物神功而成型的巨石以惟妙惟肖的命名，如观音说法石、龙争虎斗石、水帘洞口石、仙人下棋石、双凤朝阳石、金龟出洞石、坐井观天石等。

　　路旁有石板构架的福德正神庙,有单檐悬山顶的太上老君殿,门有对联:"解厄延生皆彼德,赦非赐福尽承恩。"凤翔山巅是"清泉南北宫",单檐悬山顶建筑,供奉南北极仙翁,门前对联语:"南极瓶插千年柏,北极炉焚万寿香。"清泉南北宫前有观景台,架设的水泥栏杆随山石蜿蜒而立。人们凭栏远眺,穆水环山,青山如城,穆阳三镇,若隐若现,如诗如画。

三月初三渡财船

这里在清代属于儒乡仁风里二十七都，与之相连的是秦溪乡沿江里三十都。这里是由富春溪、大梅溪与龙溪三支内河流经的溪柄平原，是福安中部传统的米粮仓。每逢早春三月天，这里绵绵细雨、淡淡薄雾，翠绿葱茏的田畴上空，不时有一行白鹭掠过，农家的繁忙已经开始，粮仓的富足正在期待。

农历三月初三日，是民间信仰中神仙聚会的日子，溪柄镇的乡村道观正在举行渡财船仪式。一艘艘用竹枝扎好、彩纸裱成的巨型彩船现身庙观，船舱中满载着金色元宝，在阵阵诵经声、点点香烛光中，鞭炮如雷，烈焰

◎ 溪柄神仙宫

冲霄。悠悠地，渐渐地，彩船化作了缕缕青烟，冉冉升空。轻曼婆娑的青烟满含着虔诚的目光与期盼的笑颜，渡过了天河，涌进了云雾缥缈的仙壑神峦，缠绕着众仙会聚的蓬莱宫阙。假借青烟的媒介，完成了神人的对话，仙俗的交流，在彼岸与此岸之间，架设起天上人间互信的桥梁，实现了给予与索取的可逆性置换。虚拟的渡财船仪式，是一段超逻辑的话语，一款超现实的象征，人们所追求的是流光溢彩并可欲可求的预言。渡财船仪式的参与者不仅是驰骋市场的商贾，还有十里八乡的村民。仪式话语的宣读者是溪柄、赛岐道观中的全真教道士。

近年来，溪柄平原上，以及与之接壤的赛岐镇的诸多道观，每逢三月初三都会举行渡财船仪式，其中参与者最多、影响力最大的是神仙宫，一座位于溪柄镇三公里俗称"穴头坪"山地的全真教道观。人们不一定知道"神仙宫"的观名，只直呼为"三公里"。如果想坐车去那里，只要告知当地的司机，说去"三公里"，司机保证准确无误地将香客送到目的地。

神仙宫的山门有些特别，十根柱子一字撑起一道走廊，映入人们眼帘的是"五路财神"四个醒目金字。柱子上的楹联有："尘界寄仙踪为慰苍生消罪障，神州仰圣容长怀慈阴仗鸿恩"；"灯火千秋志胜紫府，香烟一缕瑞绕金轮"；"地藏发时应作担当之主，天仓开处恒为增益之神"。山门外空地上观音慈航道人与两尊贴身童子的石制造像已经立起，但基座、回廊等辅助性建筑仍没有修成。

大殿上横额书写"三朝元老"，暗喻这里是财神殿。进入大殿，镏金的五路财神端坐神龛，香火弥漫，热气腾腾。二进殿堂供奉玉皇大帝，三进殿堂供奉齐天大圣。还有简易搭盖的两间小屋供奉福德正神与文昌帝君。

神仙宫三月初三的渡财船仪式，不仅接待溪柄四邻的乡亲，还有来自远道的宁德、霞浦、柘荣各县（市）的香客。最为壮观的时候，1万3千余人齐聚，仪式中燃起17艘彩船，烈焰腾腾，火光蔽天，方圆十里，紫气红云。如今都基本维持在7艘彩船的定额。宫观道长说，四周树木繁茂，小心祝融发威，散下火星。三月初三这天，附近龙潭面、百丈漈周边的畲族男女聚集在神仙宫，他们既参与渡财船仪式，又进行"三月三"称歌节的

漏夜对歌，互表心志。

溪柄平原举行渡财船仪式的另一座道观是长春观，位于焊头建制村的阿婆山麓。这里原是龙溪水的港口码头，周围八座山峰簇拥下曾是一泓清溪，水阔滩平，舟楫畅通，来自霞浦海边的海盐、鱼货经过这里运往福安韩阳城内，需要特别强调的是，兴泉盐船曾是这条航道的主角。水路与商船的存在告诉人们："阿婆山"之名应该与妈祖婆信仰有关。

港口码头边上原为一处村落，名"聚洋村"，历史悠久，人丁兴旺。溪柄乡间有一句老话："没有溪柄洋便有聚洋村"，现在已经无人能够准确说出村落开基的具体时间。如今村中三姓村民早已迁徙他乡，仅剩下当年村落住房的残垣断壁。长春观附近的山峦上遗留一通石碑，碑座埋得很深，碑身裸露，碑文清晰，立碑的时间是清光绪五年（公元1879年）农历十一月。从碑文中读到，聚洋村曾有三座宫庙，分别供奉临水夫人、里域神与林四使三尊神祇，其中林四使是福安乡间司掌六畜兴旺之神。因他们威灵显赫，保障舟帆，福佑阖乡，深得乡民顶礼膜拜。为了香灯丰足，村中三姓族人商议，凡兴泉盐船到达港口，要求牙行善信出面，从每担海盐中抽取香灯钱两一文，用于递年二月二、六月八的神诞，以及修葺宫庙之需。如今这三座神庙都已经不存在了，长春观道人指着道观附近的水田说，水田中曾有人发现许多石制柱础，从排列整齐的格局判断，不像是一般居民住宅的废墟，更像是神灵居所的遗址。

长春观的布局不同于一般的道观，没有完整的围墙将所有的殿堂收纳其中，而更像是一幅泼墨山水画屏，即运用了酷似中国画师所擅长的散点透视技法，摒弃一个中心主轴的透视，将一座座神殿仙宫随心所欲、高低错落地闲撒在山路两侧的青山绿水之中。

迎面道路左侧水田护坡上有两座并排的小庙，其一是将爷庙，供奉黑白无常鬼，这是城隍信仰在乡间的延伸。其二是泗州宝殿，供奉泗州佛。泗州佛，又称泗州文佛、泗州大圣等。其生平见成书于公元988年，即宋端拱元年的《大宋高僧传》。泗州佛法号僧伽，西域中亚人，是较为典型的佛教神灵。明清时期佛教世俗化，泗州佛成了民间俗神，泗州信仰在福建民间广泛流传。一度在福州府、福宁府特别兴盛,福安的泗州信仰也盛极一时。村口大树下、乡间岔路口、官道亭子间均设有小神龛,供奉泗州佛,称"泗州佛塔"。有些神龛边,还配上筶杯祈签。现今泗州佛信仰余绪尚存,乡间仍有衣帽披肩的泗州佛石像遗迹,福穆公路旁的山林间有专祀泗州文佛的寺庙。

乡间相传泗州佛是观音菩萨的化身,凭依观音的慈航道人身份遂自然而然地将泗州佛请进了民间道坛的神谱。有趣的是,我们见到的这座泗州殿中竟然有四尊泗州佛,佛龛的墙壁上还分别书写了四佛的诞生日,即"一佛四月初一,二佛九月十六,三佛五月十八,四佛十一月初九"。是否村上人家将"泗州"理解为"四州",故而"四州"自然生成四佛。宝殿外墙上有俚俗的"泗州佛诗"三十余句,诗中尽是"一朝明月好光明,照在人间富贵天"等吉祥话语,言辞浅显直白,深得乡民珍爱。

左侧水田边还有一座福德祠,单檐悬山顶结构,红墙黑瓦,小巧玲珑。

◎ 长春观金国宝殿

门前有副对联："灵昭山泽皆财薮,像肖须眉亦寿星。"道士介绍说,这座土地庙虽是新修,但在这些现存的殿堂中却是历史最为久远的神灵之所。

与福德祠同样古老的是山路右侧的灵皇宫,供奉平水大王。平水大王,是闽东民间对大禹王的俗称。这里原是水乡泽国,来年可能出现的山洪是需要平水大王潜心治理的。灵皇宫格局像是富贵人家的深宅大院,门前对联是一般性的禳灾祈福之句:"赐福赦罪万国九州皆被德,解厄延生五湖四海尽沾恩"。

再往前走,山路右侧是金国宝殿,祭祀三清教主与三官大帝,建筑格局类同于灵皇宫。在"金国宝殿"的两侧还有两面横额,分别书"元府"、"灵台"。门前有两副对联与之对称,文句是"香腾紫气,盈庭棣萼日联芳;烛吐青云,满砌兰芽春共秀"。"金鼎香飘,聚乾坤之瑞气;银台烛耀,灿日月之祥光"。

华光殿在山路左侧,祭祀五显大帝的宝殿中有两副木制楹联是家住台湾地区台北市杭州南路的林先生于1998年赠送的。楹联语句为:"贤德齐天显赫恩光煌百业,神威普地圆通法雨泽千乡";"斗列中天度厄消灾增福寿,星照北极迎祥保泰享遐龄"。大殿旁是道观的办公地点与厨房,长春观中的重要法事都在华光殿里进行。山路右侧山麓是新建的慈航殿,重檐歇山顶建筑结构,内祀观音圆通慈航道人。门前对联是"永使苍生离苦海,常教赤子有慈航"。

一路走来,可以看到山路两侧坐落着大大小小的宫观庙宇,供奉着各路仙班、诸山神灵。建筑时间不同,建筑风格有异,但神的灵威与人的信仰却一脉相承。山里的古碑与田间的遗址,记忆重叠;路口的泗州殿与山麓的慈航殿,玄机暗合。别具一格的长春道观是一部地方史书,记录了溪柄洋道士羽人的淡定修持与香客信众的热情护法。

热衷于渡财船仪式的还有与溪柄镇相邻的赛岐镇两座道观。其一是真空宫,位于赛岐镇利园村月兰山下。月兰山原名玉林山,传说在一千年前,有一位李姓羽人在山上修行,他道行好,善待山上烧制瓷碗的窑工。一日,在他羽扇的点化下,窑工开炉时,满窑发出闪闪毫光,顿时呈现出堆积如

山的洁白玉碗。消息传到京城,皇上遂派御林军进山搜寻灵宝之物。窑工闻讯,全都逃遁,李姓羽人也不见踪影。同时,满山长出了浓密的灌木栅栏,人们根本无法进山。从此,羽人升天,碗窑、窑工、玉碗也都消失。人们就将玉林山改名"月栏(兰)山"。

真空宫的前身仅是一座草寮,有一位林姓道人于民国时期在此结庵静修。他精通周易,料事如神,乡人目为活神仙。他门徒众多,是福安全真教门的一代宗师,于1987年羽化,时年86岁。真空宫由其弟子集资修建,祭祀三清尊神。

另一个道观是位于赛岐镇下浦村真龙岗的牛童宫,牛童宫主祀地方神灵牛童仙子。牛童仙宫两处位于溪柄乡间,其中一座年代久远,因山高路远,几近荒废;另一座在长春观附近,称为"牛童八仙宫"。圣迹多、香火旺、信众广的当属建于1992年的真龙岗牛童宫,宫庙由全真教派坤道住持。

◎ 华光殿

水云仙府福安道观

相传，牛童仙子先人于唐季随闽王王审知入闽，后迁居于政和县东北里一个村落（今属于寿宁县托溪乡拓里村）。牛童仙子系神仙转世，出生于公元1846年，即道光二十六年农历五月廿三日，成道于公元1860年，即咸丰十年农历八月十三日。牛童年庚七岁，双亲仙逝，家贫如洗，度日艰难。蒙太白星翁驾临，携带他到福安县溪柄狮洋里村，得遇村中陈活龙员外收留，为陈家牧牛七年时间。牛童十四岁那年春天，其牛失踪，无处查寻，正当心急之际，抬头望见五彩云端之上有太白仙翁，仙翁指称他本是上界金童降世，今日可归天了。牛童当即随太白金星上了天界，其神魂则托付陈活龙员外。员外随带金银抵京求封，蒙咸丰皇帝恩准，敕封"钟山感应牛童仙翁"。因在牛童年幼时，双亲抱养了孤女蔡氏做其童养媳，皇帝在敕封牛童的同时，准许他随带蔡氏夫人镇守各处宫殿。因此，真龙岗牛童宫主殿便供奉牛童、蔡氏两尊神灵。这则仙话，类似于闽南广泽尊王传说，二者都是放牛娃，东家都姓陈，牛童成仙的时间较之早了2岁，都是百姓对弱者的同情与期盼。牛童的故事显得更为单纯、洗练。闽南广泽尊

◎ 真空观

◎ 牛童宫

王影响力较之牛童信仰大得多，遍及港澳台地区以及东南亚华人、华侨社区。而牛童仙人的祭祀圈仅限于福安中部乡村。

2005年，牛童宫内又新修一座三清殿，除主供三清教主外，还请进了南极长生大帝、北极紫微大帝、文昌帝君、财神真君、圆通自在天尊（观音）等正统的道教神灵。之后又建了东西丹房、羽化堂、闭关房、辟谷房等。同时，还修建了制香房，以专产线香，以资香灯。

2003年12月至2004年3月，应新加坡道教协会邀请，牛童宫坤道李秀英、陈英娇、肖赛英参加了新加坡第九届道教节活动，与新加坡同道进行道教文化交流。在庆典仪式上，她们受到了新加坡纳丹总统的亲切接见，并合影留念。陈英娇还担任这届道教节的高功，她演示的踏罡步斗，轰动

了新加坡道坛。

牛童宫空气清冽，泉水甘甜，风景幽美，是养生辟谷的天然宝地。从2009年至今，先后有福建、湖北、上海等地二十余人在牛童宫进行七至十四天的辟谷养生。宫里印有《养生延命论》等保健宣传材料，教人养生之诀，如吐纳之法、拍打之法、按摩之法、推拉之法等。在各地中医道友的协助下，牛童宫设立了免费施药处，为香客看病施药，以此推广道医，弘扬道法。牛童宫成为福安唯一传承和弘扬道教医学的道观。

青松道观及其他

福安青松观位于富春溪畔，阳头街对岸的溪口旁。创建于1978年，是改革开放之后，闽东新建的第一座道观。当年，自幼秉承宿慧、在家持斋修道的李舜英、李菊英两姊妹虑及福安城内的道教宫观没有恢复，来往道众无处挂单修持，便许下宏愿，欲筑新观。她们省吃俭用，并帮人缝制衣服，积攒资金。在道友们的鼎力相助下，新构落成，取名"青松观"，喻"善似青松恶似花"之意。

1991年，福安市成立了有史以来的首届道教协会。青松观住持李菊英当选为市道协会长，青松观确立为市道协办公地点。自此，青松观成为闽东道教重镇，当下福安全真龙门派道观的住持大多来自青松观。李菊英会长协助政府落实宗教政策，在她的奔走与努力下，多所沉寂多年的福安道观得以恢复。

同年，香港道教界遥闻福安青松观的奉道精神，香港青松观观主侯宝垣道长便通过中国道教协会与福安青松观取得联系，并商议结为同名兄弟道观。

香港青松观是重要的道教弘法圣地，位于香港九龙西部屯门的青山麒麟围。道观创立于1949年，属全真龙门派，道派可溯源至广东省广州市至宝台。香港青松观内，殿宇巍峨，风景清幽，是极富中国古典园林色彩的道教建筑。建筑以纯阳宝殿为中心，殿内恭奉吕纯阳、王重阳和丘长春等三代祖师圣像。另有云水堂、怡和斋、清华堂、瑶华堂、百乐小苑等殿宇依山而建，宏伟壮观。

侯道长精通斋醮科仪并致力于弘扬道教文化，自1981年起，香港青松观先后在加拿大、美国、澳大利亚、新加坡等国家建造了五所青松观。从

◎ 青松道观

1994年开始，香港青松观先后捐资人民币数百万元，用于内地二百多间道观的恢复与维修之需。1995年，福安青松观斗姆殿的修建，得到了香港青松观的直接资助，福安青松观为此立下《功德碑》以作永久的纪念。

福安青松观现有斗姆六十甲子殿，内有威灵的三眼王灵官把门，神龛中祀三清教主、斗姆，左右神龛是六十甲子太岁神像。斗姆元辰殿内楹联有"无上三尊乃乾坤之主宰，混元一炁为造化之根源"；"著书传道涵开初夜，历宗开教紫气东来"。右边的三清殿尚在建设中，左边是办公楼与厨房。青松观在福安的诸座道观中并不算规模宏伟、气度非凡，但是，在新时期福安道教文化进程中，却有着特殊的历史地位。

当我们沿着长溪之水饱览福安境内形态各异、风情万种的民间道教宫观时，还感觉意犹未尽，还会驻足于些许的道教场所，领略别样的道坛神灵。

上白石镇棋盘山凌霄观是福安境内最北端的道观，由正一教道人住持。

凌霄观共有七座殿堂，分上下二层排列于青山碧岭中。上层中殿供奉玉皇大帝，殿内还供奉南北极仙翁、五谷仙翁、圆通慈航道人、张天师，以及月老仙翁、雷公电母等神仙，左边殿堂中祀文昌帝君，左祀五显华光大帝，右祀林公大王。

右边共有二殿，其一供奉临水夫人系列神灵，其一元帅庙，共奉祀六位元帅，包括田、窦、温、康、叶、郭等姓元帅，各位元帅出自不同神谱。田都元帅是家喻户晓的唐代忠烈乐官雷海青，是著名的地方戏曲戏神。一般来说，戏剧界以音乐分类，北管奉祀西秦王爷，南管奉祀田都元帅。福安民间田元帅的神功所及远远超乎戏曲界，是冲天风火院中法力无边的祖师，是福安乡村四境平安的保护神，为畲汉两族百姓所共同信奉。窦元帅是隶属于冲天风火院的神灵，与田元帅有着共同的神功。温、康二元帅隶属于东岳大帝的十大太保，又是真武大帝属下的三十六天将。温为第一太

◎ 凌霄观

保，兼任道教护法神将之马赵温关四大元帅之一。他姓温，名琼，字子玉，后汉东瓯郡人。因为东岳大帝第一太保，故东岳大帝的阴间属臣城隍神碰到疑难之事时，会委派温元帅协理。康元帅，名康席，原为黑松林妖怪，后归服真武大帝，被玉皇大帝封为"仁圣康元帅"。《三教搜神大全》称，他向来慈悲为怀，不伤蝼蚁，故有"仁圣"之誉。叶元帅为行云致雨神灵，郭元帅则为地方俗神，问其来历，道观真人语焉不详。

　　下层有三殿，中为将爷庙，即供奉黑白无常。左殿祭祀土地神和财神，右殿是供奉虎马将军。他们是保护妇女生育平安的神灵，也称"护产将军"。民间传说，虎将军名周虎，马将军名马孔，都是福建人。这两人先后转了三世，都因其妻难产而亡，而自己拔剑自刎，随之而去，后演变成神。又传说：虎马将军称为"虎伽锣"、"马伽锣"，二神都是临水夫人陈靖姑的配祀神。由于历史衍化，福安民间也设专庙祭祀虎马二神，遂称"虎马将军庙"。

　　社口镇仙溪村龙源观，为全真龙门派道场。创立于清季咸丰年间，迄今已历一百五十余年。1990年重建，仅有大罗宝殿一座。殿内供奉三清教主、玉皇大帝、圆通慈航道人、文昌帝、土地神等。因庵小地偏，香客不多，羽人们安于净界，以田园茶山之劳作来维持道观香灯。

　　城阳镇溪东村仙宫，为正一教道场。建于20世纪80年代，是穆阳清水宝洞下院，专祀白莲仙姑。传说白莲仙姑原在清泉宝洞修行，后游历于溪东村富春溪一带，被村中秀才延请入村，供奉家中，已历百余年。后经神坛扶乩，仙姑吉言，想安住溪东村，乡民便发心建庙。仙宫落成后，每年在七位仙姑的诞生日都举行法事，乡人心存景仰，纷纷前去。

　　下白石镇湖头村金钟山道观是福安最南端的道教正一派道场。金钟山古名"覆钟山"，是福安南部最高山峰。金钟山突兀海边，山下碧波荡漾，山上云雾缥缈。当天朗气清、万里无云时，登临山巅可眺望数百里之外的福安、霞浦、宁德等县（市），那里的街景乡貌，时隐时现，依稀可辨。明万历《福安县志》记载，覆钟山上有魏、虞二位仙人真迹。今存金钟山麓的仙洞便是传说中的魏、虞二仙修炼处，后为五谷真仙栖息地，传说仙洞

念珠链成乾坤环

◎ 金钟山

中的石制香炉是从九天仙子飞送来的。人们始终认为，仙洞的仙真很是灵验。清同治年间，有宁德县港尾村孙家商船途经官井洋，遭遇狂风海涛，商家便焚香跪拜，祈求五谷真仙保佑。果然，风平浪静，安全脱险。孙家便送上匾额、楹联，匾额书写"有求必应"，楹联书写"荡荡神功长赞化，巍巍仙法永扶元"。落款是"大清同治九年（公元1870年）仲冬吉日，德邑信贡孙天阊领男瑞年仝叩谢"。金钟山的宗教遗迹还有五谷真仙塔、土地神塔与元帅洞等。

临海的金钟山忽而红霞流天，忽而雨雾如潮，恍如神山仙境。从1999年开始，信众们在金钟山巅陆陆续续建起了仙宫神阙，自2008年开始，先后有八座殿堂落成，金钟山遂成为福安南部沿海真正意义的群神之邦，众仙之山。

第一座建成的是五谷真仙宫。五谷真仙，是远古时代的农神。金钟山麓的神仙洞就曾栖息五谷真仙，人们当下还时时传诵着仙洞五谷真仙的灵验故事。山顶再修五谷真仙庙，是对五谷真仙的反复颂扬，让他为苍生再度显灵，让农神信仰发扬光大。真仙宫中有南北极仙翁、叶元帅、土地神、雷公电母、风伯雨师等，都是与农事活动息息相关的自然之神。

第二座是玉皇殿，供奉玉帝、王母娘娘、三清教主、太一真人等。太一真人是道教十二金仙之一，属于昆仑山玉虚宫元始天尊门下，有法宝九龙神火罩等。建派于乾元山金光洞。

第三、四座是圆通慈航道人观音殿与四大天王殿。金钟山上原有佛教寺院，没有人知道其创设的时间，传说毁于唐朝黄巢起义。2000年清理寺院遗址时，人们发现了九个装僧人骨殖的陶罐，后移到元帅洞安放。人们建筑四大天王殿是对金钟山佛教的追思，似乎与道教无直接的关联。而圆通慈航道人观音殿道观的建设，是在道教与佛教之间寻得交汇点。

第五座是八仙殿，八仙是民间传说中道教的八个仙人。包括铁拐李、汉钟离、张果老、蓝采和、何仙姑、吕洞宾、韩湘子、曹国舅等。在福安民间以铁拐李与吕洞宾最为出名。由于八仙均为凡人得道，所以个性与百姓较为接近，分别代表着男、女、老、少、富、贵、贫、贱。其为道教中相当重要的神仙代表，福安乡村许多地方都有八仙宫，迎神赛会也都少不了八仙。俗称八仙所持的檀板、扇、拐、笛、剑、葫芦、拂尘、花篮八件物品为"八宝"，是象征八仙的物品。

第六座是哪吒太子殿。"哪吒"二字是佛经中梵文的音译，原为佛教神灵。在道教中，哪吒是太一真人弟子，玉皇大帝封他为三十六员第一总领使，是天兵天将的总统帅，称"中坛元帅"、"威灵显赫大将军"等，其所司神职是永镇天门。殿中还供奉哪吒之父托塔天王李靖与文昌帝君等神灵。

第七座是五显帝殿，主祀五显长生大帝，兼祀和合二仙，以及千里眼、万里耳等。和合二仙，又名"和合二圣"，是民间道教神灵，主婚姻和合，家庭和睦。相传有唐朝人万回，因为哥哥远赴战场，父母挂念而哭泣，于是前往战场探亲。万里之遥，朝发夕返，故名"万回"，民间俗称"万回哥哥"。宋代开始祭祀"和合"之神。

第八座是救苦天尊殿。太乙救苦天尊又称"东极青华大帝"、"寻声救苦天尊"、"十方救苦天尊"等。相传其为玉皇大帝二位侍者之一，配合玉帝统御宇宙万类。道教说他由青玄上帝神化而来，誓愿救度一切众生，所以炁化救苦天尊以度世。殿内神龛除了祭祀太乙救苦天尊外，还请进了女娲娘娘、真武大帝、长生真人等。长生真人，即刘处玄，字通妙，号长生

子，生于公元1147年，即宋绍兴十七年七月十二日，山东莱州人。立誓不婚不宦，清静固守。侍母至孝，夙愿修道，其母不许。公元1169年，即金大定九年，其母逝世后，其拜王重阳为师入道。常乞食炼形，离人远物。公元1175年，即金大定十五年，继任全真掌教，次年返回老家，大弘教法，金代章宗闻风征请，敬如上宾，官僚士庶络绎相仍，户外之履，无时不盈。公元1198年，即承安三年乞归，赐名"灵虚"。公元1203年，即金章宗泰和三年二月初六日，羽化登仙。公元1269年，即元世祖至元六年，封其为"长生辅化明德真人"，元武宗加封为"长生辅化宗玄静明德真君"。为全真派"北七真"之一。以修炼、传承他的教理、思想为主的门人派别称为全真随山派，简称随山派。

金钟山道观是福安道观中神系最丰富、最复杂的道观，是南部沿海信众们朝拜的圣地。其最主要的法事活动，包括正月初九"玉皇供"，二月初三"文昌诞"和九月初九重阳节。

图书在版编目（CIP）数据

水云仙府福安道观 / 陈幼英主编，蓝焖熹编著.
—北京：华夏出版社，2013.10
（中国道教文化之旅丛书）
ISBN 978-7-5080-7840-3

Ⅰ．①水… Ⅱ．①陈… ②蓝… Ⅲ．①道教—宗教文化—介绍—宁德市 Ⅳ．①K928.75

中国版本图书馆 CIP 数据核字（2013）第 239266 号

水云仙府福安道观

编 著	蓝焖熹	
责任编辑	刘淑兰 王秋实	
出版发行	华夏出版社	
经 销	新华书店	
印 刷	北京市华宇信诺印刷有限公司	
装 订	三河市李旗庄少明印装厂	
版 次	2013 年 10 月北京第 1 版	
	2014 年 1 月北京第 1 次印刷	
开 本	720×1030　1/16 开	
印 张	14.25	
字 数	200 千字	
定 价	39.80 元	

华夏出版社　地址：北京市东直门外香河园北里 4 号　邮编：100028
网址：www.hxph.com.cn　电话：（010）64663331（转）
若发现本版图书有印装质量问题，请与我社营销中心联系调换。